초등 문해력
향상 프로그램
어휘편

어휘가 보여야 문해력이 자란다

문해력 잡는 초등 어휘력

예비 단계 ③

• 예비 초등~초등1학년 •

초등교과서에 나오는 과목별 학습개념어 총망라
★ 문해력 183문제 수록! ★

아울북

> **모르는 말이 없는데 말귀를 못 알아듣고 문제를 못 풀어요.**

자녀의 초등학교 입학을 앞둔 학부모의 가장 큰 고민 중 하나입니다. 이는 낱말과 낱말의 상관관계에 대한 이해, 즉 어휘력과 문해력이 부족해서 생기는 문제입니다. 그래서 '초등학교 공부의 시작은 어휘 공부'라고 해도 과언이 아닙니다.

〈문해력 잡는 초등 어휘력〉 예비 단계는 다음과 같이 체계적인 구성으로 미취학 아동의 어휘력을 키워 줍니다.

▸ 사고력 훈련

6~7세의 미취학 아동이 전형적으로 경험하는 '현실과 현상에 대한 이름 짓기'를 중심으로 구성했습니다. 특히 아동의 사고 발달에 필수적인 동작 어휘와 동작 어휘의 연관 어휘를 기본 어휘와 확장 어휘에 넣어 사고력 훈련이 되도록 했습니다.

▸ 언어의 확장 훈련

도입부를 만화로 구성해 어휘 학습을 쉽게 시작할 수 있습니다. 기본 어휘들로부터 비롯되는 확장 어휘들을 다루고, 중요한 우리말 어휘는 물론 관련 기초 한자와 한자어도 소개했습니다.

▸ 외우지 않고도 기억할 수 있는 워크북

① 현상에서 언어로, ② 바탕말에서 확장어로, ③ 문장 이해에서 문해력 발달로 세 가지 기준에 입각하여 단순히 읽는 책이 아닌 활동하는 워크북으로 만들었습니다. 따라서 외우지 않고도 어휘와 그 뜻을 기억할 수 있습니다.

▸ 두 달로 마치는 초등학교 입학 준비 프로그램

각 권별로 교과서에 나오는 300~400개의 어휘, 1,500개의 단어가 수록되어 있습니다. 한 개 어휘에 대해서 반드시 3~4회 이상의 반복 학습이 이루어지도록 구성했습니다.

정춘수 기획위원

어휘력부터 문해력까지, 한 권으로 잡기

01

기본 어휘를 익혀요.

02

확장 어휘와
한자 어휘를 익혀요.

03
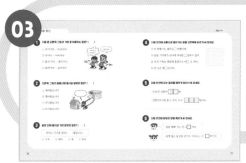
문제를 풀며
어휘 실력을 다져요.

04

놀이로
어휘를 기억해요.

05

'생각이 톡톡'으로
문해력을 키워요.

와 초능력으로
공부하더니
1등 했구나!

차례

1장

가다

가다·오다

내가 건너 **간** 다음에 건너 **와**

그레텔, 우리 가 볼래?

물면 어떡해, 가지 마, 무서워.

가지 마, 무서워.

어우, 야, 오지 마. 무섭단 말이야.

걸음아, 나 살려라!

에잇!

헉헉, 힘들다. 계속 쫓아가? 말아?

으악, 아직도 쫓아오네!

헉헉, 휴, 큰일 날 뻔했네.

여기서 기다려. 오빠가 먼저 건너갈게.

다리 아주 튼튼해. 건너와도 괜찮아.

'가다'의 반대는 '오다'.

밖으로 나가자.

불빛이다!
저길 향해 나아가자.

우리, 가까이
다가가 볼까?

안에서 밖으로 가는 건 · 　　　　　 · 나아가다

앞을 향해 가는 건 · 　　　　　 · 다가가다

가까이 가는 건 · 　　　　　 · 나가다

아자자자,
따라잡자!

흥,
어딜 감히…

삼돌이

칠복이

칠복이는 앞서 가고,
삼돌이는 쫓아가고.

'가다'와 '오다'는 서로 짝을 이루는 말이야.

방에서 나가다 · 　　　　　 · 집으로 달려오다

집으로 달려가다 · 　　　　　 · 담을 넘어오다

담을 넘어가다 · 　　　　　 · 방에서 나오다

가다

▪ **나가다**
안에서 밖으로 가다.
▪ **나아가다**
앞을 향해 가다.
▪ **다가가다**
가까이 가다.
▪ **앞서 가다**
앞에서 가다.
▪ **쫓아가다**
뒤를 따라가다.

> **정답 104쪽**

가다　　밖으로 나가고, 앞으로 나아가고
　　　　　가까이 다가가고, 뒤에서 쫓아가고

7

여보, 저 방에 가서 아기 좀 가져와요.

저런, 아기는 가져오는 게 아니라 데려오는 거야.

물건은 가져오고,

사람은 데 려 오고.

장난감은 (가져 | 데려)오고, 동생은 (가져 | 데려)오고

그런데 가져오는 건 두 가지야.

밖에 있는 화분을 집 안으로 가져올 때는 들여오다,

안에 있는 화분을 집 밖으로 가져올 때는 내오다.

밖에서 안으로 •   • 내오다

안에서 밖으로 •   • 들여오다

오다

데려오다
사람을 ~에서 ~로 거느리고 오다.

가져오다
물건을 ~에서 ~로 옮겨 오다.

들여오다
밖에서 안으로 가져오다.

내오다
안에서 밖으로 가져오다.

다녀오다
어느 곳에 갔다가 돌아 오다.

다녀왔습니다.

윽, 신발주머니 빠뜨려서, 되돌아왔어요.

버스가 옆 동네를 거쳐 집에 왔어요.

되돌아오다
가던 길을 멈추고 돌아오다.

거쳐 오다
중간에 어디를 들러 오다.

어디 갔다 돌아오면 다 녀 오다,

어디 가다 멈추고 도로 돌아오면 되 돌 아 오다,

중간에 어디 들렀다 오면 거 쳐 오다.

신나는 여행길!

제주도행

비행기가 날아가지? 날아가니까 비행기.
단비네는 지금 여행 중이야.

비행기, 여행 다 '행'이 들어간 말이네.
행(行)은 '가다'란 뜻이야.

비행기에 제주도행이라고 써 있네. 무슨 뜻일까?

(제주도에 간다 | 제주도에 산다)

서울로 가는 버스는 서울행 버스,

부산으로 가는 기차는 부산 행 기차.

신나는 동물 기악대,
줄을 지어 앞으로 나아가네.
이건 행진.
기악대를 따라 길게 선 줄은
행 렬.

쿵작
쿵작

와, 멋지다!

어쩌지? 이 길은 못 지나간대.
지나가는 건 통행,
지나다니지 못하도록
막는 건 통 금지.

엥, 이 길로
못 지나가나요?

通行금지

行
가다 행

- **비행기**(飛날다비 行 機기계기)
  날아가는 기계.
- **여행**(旅나그네여 行)
  나그네가 되어 다른 곳을
  가다.
- **제주도행**(行)
  제주도를 향해 가는.
- **행진**(行 進나아가다진)
  줄을 지어 앞으로
  나아가다.
- **행렬**(行 列줄렬)
  여럿이 줄지어 갈 때의
  그 줄.
- **통행**(通통하다통 行)
  지나다니다.

> 정답 104쪽

9

1 다음 중 오른쪽 그림과 가장 잘 어울리는 말은? (　　　)

① 다가가다 – 다녀오다

② 나가다 – 나아가다

③ 앞서 가다 – 쫓아가다

④ 달려가다 – 넘어가다

2 오른쪽 그림의 말풍선에 들어갈 알맞은 말은? (　　　)

① 데리왔습니다

② 쫓아왔습니다

③ 다녀왔습니다

④ 다가갔습니다

3 괄호 안에 들어갈 가장 알맞은 말은? (　　　)

단비는 친구를 집에 (　　　)왔습니다.

① 가져　　② 데려　　③ 내　　④ 들여

4 다음 빈칸에 공통으로 들어가는 말을 오른쪽에 바르게 써 보세요.

1) 이 비행기는 제주도□ 비행기야.

2) 동물 기악대가 신나게 거리를 □진하고 있어.

3) 우리 가족은 여름에 홍콩으로 여□ 갈 거야.

4) 이 길은 통□금지야.

5 다음 빈칸에 있는 글씨를 예쁘게 따라서 써 보세요.

· 도망가! 괴물이 쫓 아 와.

· 신발주머니를 놓고 가서, 도로 되 돌 아 왔어요.

6 다음 빈칸에 알맞은 말을 예쁘게 써 보세요.

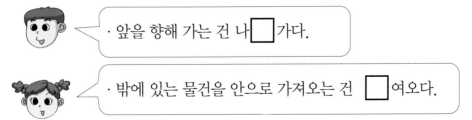

· 앞을 향해 가는 건 나□가다.

· 밖에 있는 물건을 안으로 가져오는 건 □여오다.

발

통통 부은 내 발목

발목, 발등, 발뒤꿈치…, 어디 있는지 아니?

발등 발의 윗부분

발톱 발가락의 끝을 보호하는 단단한 물질

발목 다리와 발을 이어 주는 부분

발바닥 발의 아랫부분

발뒤꿈치 몸의 살 중에서 가장 두껍고 질긴 부분

발의 위쪽 부분 •	• 발목
다리와 발을 이어 주는 곳 •	• 발등
땅을 밟는 발 아래쪽 부분 •	• 발뒤꿈치
몸의 살 중에서 가장 두꺼운 곳 •	• 발바닥

사람만 발톱이 있는 건 아냐.
말이나 소의 발끝에 있는
크고 단단한 발톱은? (엄지발톱 | 발굽)

아무것도 안 신은 발은 맨발,
구두 신은 발은 구둣발,
다리 다쳤을 때 쓰는 발은 목발,
헤엄칠 때 쓰는 발은 오리발.

맨발
목발
오리발
구둣발

발

발뒤꿈치
발의 뒤쪽 끝.
발굽
말이나 소의 발끝에 있는
크고 단단한 발톱.
맨발
아무것도 안 신은 발.
구둣발
구두를 신은 발.
목발
다리를 다친 사람이
겨드랑이에 끼고 걷는
지팡이.
오리발
헤엄칠 때 발에 끼는
물갈퀴.

> 정답 104쪽

발

발목, 발등, 발바닥, 발뒤꿈치는 발의 부분
말의 발톱은 발굽, 아무것도 안 신은 발은 맨발

13

흰 눈 위에 난 발자국.

하나, 둘, 셋. 모두 세 발짝을 걸었네.

발을 옮기며 걷는 건 |발|걸음.

맞는 말에 O표 하기!

기분이 좋으면 발걸음이 가볍고,

기분이 나쁘면 발걸음도 (안 맞고 | 무겁고)

병아리가 무얼 하고 있지?

(발돋움하다 | 발버둥치다)

잉잉, 사 줘,
사 달란 말이야.

바닥에 드러누워

두 발로 몸부림치는 건

|발|버|둥|치다.

발돋움하면
닿겠지?

그럼 발돋움하는 건?

키를 높이려고

발뒤꿈치를 드는 거야.

|까|치|발이랑 같은 말이지.

발로 걷어차는 건 발길질,

발길질하다 잘못 차 맞히지도 못하면? |헛|발|질.

발

■ **발자국**
　발로 밟은 자리에 난 모양.

■ **발짝**
　발을 한 번 떼어 놓는 횟수.

■ **발걸음**
　발을 옮겨 걷는 동작.

■ **발버둥**
　드러누워 두 발로
　몸부림치는 것.

■ **발돋움**
　키를 높이려고 발끝으로
　서는 것.

■ **까치발**
　발뒤꿈치를 든 발.

■ **발길질**
　발로 걷어차는 짓.

■ **헛발질**
　발길질하다 맞히지
　못하는 것.

황새는 다리가 무지 길어 발걸음이 **성큼성큼**,

고양이는 아저씨에게 들킬까 봐 발걸음이 **살금** 살 금 ,

토끼는 위아래로 **폴짝폴짝**, **깡충** 깡 충 .

그럼 거북이는? (엉금엉금 | 성큼성큼 | 데굴데굴)

발을 떼는 모양

- **성큼성큼**
  발을 크게 떼어 놓는 모양.
- **살금살금**
  남이 알아차리지 못하게
  몰래 가는 모양.
- **폴짝폴짝**
  작은 것이 가볍게 뛰어
  오르는 모양.
- **깡충깡충**
  짧은 다리를 모으고
  힘차게 뛰는 모양.
- **엉금엉금**
  느리게 가는 모양.
- **사뿐사뿐**
  소리가 안 나게 가볍게
  가는 모양.
- **아장아장**
  아기가 걷는 모양.
- **절뚝절뚝**
  다리를 다쳐 저는 모양.
- **쪼르르**
  작은 발을 재빠르게
  움직이며 가는 모양.

소리가 안 나게 가볍게 걷는 건 **사뿐** 사 뿐 .

이제 막 걷기 시작한 아가는 • • **아장아장**

발을 다친 아저씨는 • • **절뚝절뚝**

생쥐가 **쪼르르** 도망가.

재빨리 갈 때는

쪼르르.

> 정답 104쪽

15

 **어휘 확인**

1 서로 어울리는 것끼리 짝 지으세요.

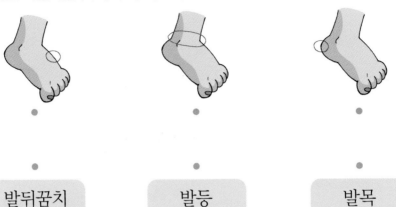

발뒤꿈치 발등 발목

2 다음 중 어울리지 <u>않는</u> 낱말이 들어 있는 것을 골라 보세요. (   )

① 어제 실수해서 발굽이 삐었어.

② 수영할 때는 오리발을 끼면 좋아.

③ 저 아저씨 다리 다치셨나 봐. 목발을 짚고 다니시네.

④ 눈 위를 걸으면 발자국이 생겨.

3 오른쪽 그림과 어울리는 말을 고르세요. (   )

① 발돋움 ② 발길질

③ 발버둥 ④ 헛발질

4 다음 중 낱말과 그림이 어울리지 <u>않는</u> 것을 고르세요. (　　　)

① 성큼성큼

② 아장아장

③ 깡충깡충

④ 사뿐사뿐

---

5 다음 빈칸에 있는 글씨를 예쁘게 따라서 써 보세요.

· 주사 맞을 때 발 | 버 | 둥 | 치면 안 돼요.

· 거북이는 엉금엉금, 토끼는 깡충 | 깡 | 충 |

---

6 다음 빈칸에 알맞은 말을 예쁘게 써 보세요.

 · 원시인들은 양말도, 신발도 안 신어. ☐ 발로 다니지.

 · 기분이 좋아 ☐ 걸음도 가벼워.

걷다·뛰다

동생이 걸음마를 시작했어요

앞으로도 걷고, 뒤로도 걷고.

걷는 건 걸음, 발로 걸으니 발걸음.

한 발짝 걸으면 한 걸음, 그럼 반 발짝 걸으면? (　　　)

① 두 걸음　　　② 세 걸음　　　③ 반걸음

한 걸음　　반걸음

사람마다 걷는 모양이 달라.

군인은

씩씩한 걸음걸이,

새색시는

얌전한 걸음걸이.

사뿐
사뿐

아기의 걸음걸이는 뭐라고 하지?

(종종걸음 | 걸음마)

걸음마를 배우는 우리 동생,

아장아장 잘도 걷네.

깜짝 놀라거나 무서우면 뒤로 걷기도 해.

뒤로 걷는 건 뭐라고 하지? (뒷걸음 | 종종걸음)

뒷걸음질칠 때는 넘어지지 않게 조심해.

걸음

- **걸음**
  걷는 것.
- **발걸음**
  발로 옮겨 걷는 동작.
- **반걸음**
  한 걸음의 절반.
- **걸음걸이**
  걷는 모양.
- **걸음마**
  아기의 걸음걸이.
- **뒷걸음**
  놀라거나 무서울 때 뒤로
  걷는 것.
- **종종걸음**
  발을 자주 떼며 빠르게
  걷는 걸음.

> **정답 104쪽**

걷다

걷는 건 걸음, 걷는 모양은 걸음걸이
아가가 걸으면 걸음마, 뒤로 걸으면 뒷걸음

토끼야, 우리 경주할래?

쳇, 뛰지도 못하면서….

헥헥, 이상하다. 난 뛰어가는데, 왜 느리지?

뛰어가면 걸어가는 것보다 빨라.
그런데 초비는 왜 느리지?
사람처럼 안 뛰고 토끼처럼 뛰어서.

이렇게 토끼처럼 쭈그리고 앉아 깡충깡충 뛰는 건? (　　　)

① 토끼풀　　② 토끼뜀　　③ 토끼띠

그래 **토끼뜀**은 아주 힘들어.

개울을 뛰어서 건너는 건 **건너뛰다**,
숨바꼭질처럼 뛰면서 노는 건 │뛰││놀│다,
급하게 뛰어 달려가는 건 **뜀박질**.

이젠 높이 높이 뛰어 볼까?
추석 때 여자들이 하는 민속놀이는?
(널뛰기 | 시소)

누가 누가 높이 뛰나
│높││이│뛰기,

이 정도쯤이야!

두 손으로 짚고 폴짝
뛰어넘는 │뜀│틀.

뛰다

▪**건너뛰다**
건너편으로 뛰다.

▪**뛰놀다**
뛰어다니며 놀다.

▪**토끼뜀**
귀를 잡고 쭈그리고 앉아
토끼처럼 뛰는 것.

▪**뜀박질(= 달음박질)**
급히 뛰어 달려감.

▪**널뛰기**
긴 널빤지의 중간을
받쳐 놓은 뒤 두 사람이
번갈아 뛰어오르는 놀이.

▪**높이뛰기**
누가 높이 뛰는지를
겨루는 운동경기.

▪**뜀틀**
두 손을 짚고 뛰어넘는
운동기구.

야! 신난다.

어렸을 때 많이 탔지? 저 기구의 이름은?

(보청기 | 보행기)

보행기는 아기들이 걷는 걸 도와주는 기구야.

'걷다'는 한자로, 걷다 보(步).

반걸음은 반 [보] , 빨리 걷는 건 속보,

편하고 기분 좋게 이리저리 걷는 건 산 [ ] .

오른쪽 그림에 있는 저 길의 이름은?

(횡단보도 | 고가도로)

횡단보도는 안전하게 찻길을

걸어서 건널 수 있는 길이야.

오른쪽 그림의 빈칸에 알맞은 말은?

(경찰 | 경주)

야,
이 느림보야.

뭐?우리 누가 빨리
뛰는지 □□할래?

경주는 달리기 시합이야.

'뛰다, 달리다'는 한자로, 뛰다 주(走).

경주하는 사람은 [주] 자, 빨리 뛰는 건 질주,

차가 달리는 건 주행,

비행기가 뜨고 내릴 때 달리는 길은 활 [주] 로.

步
걷다 보

- **보행기**(步 行가다행 器기구기)
  아기가 걸음을 배울 때
  쓰는 기구.
- **속보**(速빠르다속 步)
  빨리 걷는 것.
- **산보**(散한가하다산 步)
  편하고 기분 좋게
  이리저리 걷는 것.

走
뛰다 주

- **경주**(競다투다경 走)
  누가 빨리 달리는지
  겨루다.
- **주자**(走 者사람자)
  경주하는 사람.
- **질주**(疾빠르다질 走)
  빨리 뛰다.
- **주행**(走 行가다행)
  차가 달리다.

> **정답** 104쪽

21

1 설명이 맞으면 ○표, 틀리면 ×표 하세요.

1) 한 걸음의 절반은 뒷걸음이야.   (   )

2) 아기의 걸음걸이를 걸음마라고 해.   (   )

3) 사람이 토끼뜀을 하면 아주 빨리 달릴 수 있어.   (   )

---

2 서로 어울리는 것끼리 짝 지으세요.

높이뛰기	널뛰기	뜀틀

---

3 '걷다'와 관계된 낱말에 모두 색칠해 보세요.

보행기	널뛰기	산보
횡단보도	활주로	주행
걸음걸이	뒷걸음	높이뛰기

4 다음 빈칸에 공통으로 들어갈 말을 오른쪽에 바르게 써 보세요.

1) 토끼와 거북이는 누가 누가 빠른지 경□ 중이야.

2) 비행기가 뜨고 내리는 길은 활□로야.

3) 이 차는 낡았지만, □행하는 데 아무 문제가 없어.

---

5 다음 빈칸에 있는 글씨를 예쁘게 따라서 써 보세요.

· 초록색 신호등이 켜지면 횡 단 보도로 건너야 해.

· 아기는 보 행 기로 걸음마를 배워.

---

6 다음 빈칸에 알맞은 말을 예쁘게 써 보세요.

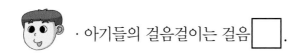 · 아기들의 걸음걸이는 걸음□.

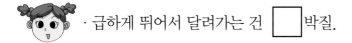 · 급하게 뛰어서 달려가는 건 □박질.

차비는 공짜, 어서 승차하세요

꿈을 싣고 달리는 나는야 꼬마 자동차 씽씽!

어서들 타세요. 차비는 공짜예요.

승차 인원이 다 찼으니 이제 출발.

출발!

부릉 부릉

안녕, 얘들아.

칙칙 폭폭

와, 기차다, 옛날 기차.

와, 빨간 소방차다.

너희들, 불장난 하면 밤에 오줌 싼다.

삐뽀 삐뽀

와! 말이 차를 끌고 있어.

이랴!

말이 끄는 건 마차야.

히힝

자, 목적지에 드디어 도착!

끼이익

여행을 끝냈으니 깨끗이 세차를 해야지, 룰루랄라.

박 박

자동차, 기차, 마차…, 차의 종류도 참 많지?

말이 끄는 차는 (마차 | 마부)

혼자 힘으로 움직이는 차는 (자동차 | 홍차)

나 혼자서도 달릴 수 있다고.

끼끼

밖에서 누가 안 끌어도

혼자 힘으로 움직이는 차가 **자동차**야.

짐을 나를 때 쓰는 자동차는 **짐차**,

버스같이 많은 사람을 태우는 큰 자동차는 **승합차**.

선로 위를 달리는 차는 **기차**.

기차와 똑같은 말은? (열차 | 짐차)

기차는 줄줄이 기니까 **열차**라고도 해.

기차는 기찻길을 칙칙폭폭 달려.

기차가 사람을 태우는 곳은?

(기차표 | 기차역)

난 기차지만 전동차는 아냐. 연료를 태울 때 나오는 김의 힘으로 가거든.

기차 중에서 전기로 움직이는 차는?

그래, **전동차**.

전철이나 지하철이 바로 전동차!

車

차 차

- **자동차**
  (自 스스로 자 動 움직이다 동 車)
  밖에서 누가 안 끌어도
  혼자 힘으로 움직이는 차.
- **승합차**
  (乘 타다 승 合 합하다 합 車)
  많은 사람을 태우는 큰 차.
- **기차**(汽 김 기 車)
  연료를 태울 때 나오는
  김의 힘으로 달리는 차.
- **열차**(列 줄 열 車)
  줄지어 늘어선 기차.
- **전동차**(電 전기 전 動 車)
  전기로 움직이는 기차.

> 정답 104쪽

차 (車) 　　마차, 자동차, 짐차, 승합차
　　　　　　　기차, 열차, 전동차

25

자자, 이제 출발합니다. 모두 올라타 주세요.

얼른 타. 기차가 출발하려고 해.

차에 올라타는 건 승차.

차에서 내리는 건

(하녀 | 하차)

지금 도착할 역은 수원, 수원역입니다.

와, 저 차창 밖 좀 봐.

차표 좀.

車
차 차

승차(乘타다승 車)
차를 타다.

하차(下내리다하 車)
차에서 내리다.

차비(車 費쓰다비)
차를 타는 데 쓰는 돈.

차창(車 窓창문창)
차의 창문.

차내(車 內안내)
차의 안.

차도(車 道길도)
찻길.

주차(駐머무르다주 車)
차를 정해진 곳에 세워 둠.

주차장(駐車 場장소장)
차를 세워 두도록 마련한 곳.

정차(停멈추다정 車)
차를 멈춤.

세차(洗씻다세 車)
차를 씻다.

차표는 잘 챙겼지?

차를 탈 때 내는 돈은 차비야.

차의 창문 · · 차내 방송

차 안에서 나오는 방송 · · 차창

차도를 씽씽 달리던 씽씽이,

쉬고 싶었나 봐.

그런데 여기가 어디지?

(운동장 | 주차장)

에구머니, 댈 데가 없군.

차도

주차장

차를 세워 두는 건 주차,

달리던 차를 멈추는 건 정차,

지저분한 차를 깨끗이 씻는 건 세 ☐ .

푸른 하늘 은하수 하얀 쪽배에~

토끼가 말하는 쪽배는 어떤 배지?

(큰 배 | 작은 배)

쪽배는 통나무 속을 파서 만든 작은 배야.

조각배도 작은 배지.

오른쪽 그림의 배는?

(통통배 | 돛단배)

돛

휘이잉~

고기 잡는 배는 고기잡이배야.

고기잡이배를 두 글자로 하면?

(어부 | 어선)

배는 한자로, 배 선(船).

거북이 모양의 배는

거북 │선│,

거북선처럼 겉을 쇠로 만든 배는 철갑선.

화르르

적군을 모조리 쳐부수자!

여행할 때 타고 가는 배 •

기름을 실어 나르는 배 •

• 유조선

• 여객선

배를 만드는 곳은?

조 □ 소야. 배 만드는 기술은 조선술.

배

* **배**
통나무 속을 파서 만든 작은 배.
* **돛단배**
바람을 받아 배를 가게 하는 돛을 단 배.

船
배 선

* **어선**(漁물고기 잡다 어 船)
고기잡이배.
* **철갑선**(鐵쇠 철 甲갑 갑 船)
쇠로 겉을 싸서 만든 배.
* **여객선**
(旅나그네 여 客손님 객 船)
여행하는 사람을 태우는 배.
* **유조선**(油기름 유 槽통 조 船)
기름을 실어 나르는 배.
* **조선소**
(造만들다 조 船 所장소 소)
배를 만드는 곳.

> 정답 104쪽

27

1 서로 어울리는 것끼리 짝 지으세요.

●   ●   ●

●   ●   ●

승합차   마차   짐차

---

2 다음 중 오른쪽 그림에 대한 설명으로 <u>틀린</u> 것은? (   )

① 열차라고도 해.

② 기찻길을 달려.

③ 전동차라고도 하지.

④ 기차역에서 사람을 태우고 내려.

---

3 설명이 맞으면 ○표, 틀리면 ✕표 하세요.

1) 차에 올라타는 건 승차야.   (   )

2) 차를 씻는 건 정차야.   (   )

3) 차 안에서 하는 방송을 차창 방송이라고 해.   (   )

4) 조각배는 큰 배를 말해.   (   )

4 다음 빈칸에 공통으로 들어가는 말을 오른쪽에 바르게 써 보세요.

1) 이순신 장군이 만든 배는 거북□이야.
2) 기름을 실어 나르는 배는 유조□이야.
3) 배 만드는 기술은 조□술이야.
4) 고기잡이배는 어□이야.

5 오른쪽 그림의 푯말에 들어갈 말은? (   )

① 조선소   ② 세차장

③ 기차역   ④ 주차장

6 다음 빈칸에 있는 글씨를 예쁘게 따라서 써 보세요.

· 지하철은 전기로 가는 │전│동│차야.

· │돛│단│배는 돛에 바람을 받아 가는 배야.

7 다음 빈칸에 알맞은 말을 예쁘게 써 보세요.

· 이 아파트는 □□장이 너무 좁아 차를 댈 수가 없네.

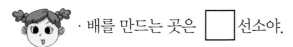

· 배를 만드는 곳은 □선소야.

29

초비네 가족이 하는 말을 잘 보고 퍼즐 조각에 색을 칠해 봐.

30

2장
위치와 방향

안·밖

들여다볼까? 내다볼까?

거참, 맛있겠네!

들여다보다

어, 엄마 오셨나? 내다보자.

바스락

이상하네. 무슨 소리가 났는데?

내다보다

얘들아, 엄마 왔다.

목소리가 이상해. 손을 들이밀어 봐요.

헉! 엄마가 아니야, 호랑이잖아?

푹

엄마로 변장을 하다니, 받아랏!

따꽁

마지막 살기다! 받아라!

꿈틀

크악!

와, 우리가 호랑이를 내쫓았다.

다다다

밖에서 안으로는 '들-', 안에서 밖으로는 '내-'.

안에서 밖을 보는 건   •   • 들여다보다

밖에서 안을 보는 건   •   • 내다보다

밖에서 안쪽으로 밀어 넣는 건   •   • 내쫓다

안에서 밖으로 쫓아내는 건   •   • 들이밀다

밖에서 안으로는 들-, 안에서 밖으로는 내-.

새장 안의 새를 새장 밖으로 (들여보내다 | 내보내다)

가구를 집 밖에서 집 안으로 (들여놓다 | 내놓다)

쓰레기를 집 안에서 집 밖으로 (들여놓다 | 내놓다)

스컹크가 방귀를 밖으로 뿜는 건 내뿜다.

몸 밖의 공기를 몸 안으로 마시는 건 숨을 들이쉬다.

그럼 몸 안의 공기를 몸 밖으로 내보내는 건?

그래, 내쉬다.

들-

들여다보다
밖에서 안을 보다.

들여놓다
밖에서 안으로 갖다 놓다.

들이쉬다
몸 밖의 공기를 몸 안으로
마시다.

내-

내다보다
안에서 밖을 보다.

내놓다
안에서 밖으로 갖다 놓다.

내쉬다
몸 안의 공기를 몸 밖으로
내보내다.

> **정답** 104쪽

들-·내-

들여다보다, 들여놓다, 들이쉬다, 들이밀다
내다보다, 내놓다, 내쉬다, 내쫓다, 내뿜다

맛있는 중국요리,

중국집에서 먹으면 더 맛나.

집 밖에서 음식을 사 먹는 걸 뭐라고 할까?

(외출 | 외식 | 외과)

외식을 하려면 일단 집 밖으로 나가야겠지?

집 밖으로 나가는 건 외출,

외출할 때 입는 옷은 외출복.

'밖'을 나타내는 한자는, 바깥 **외(外)**.

그럼 건물의 바깥을 뭐라고 하지? (실외 | 참외)

건물 밖은 옥외 또는 야외라고도 해.

건물 밖에 설치하는 광고는 옥외 광고,

연극을 건물 밖에서 하면 야 외 공연.

안드로메다에서 무서운 외국인이 왔다고?

아냐, 외계인이야.

우리나라 밖의 나라는

□국,

지구 밖의 세계는 외계.

外
바깥 외

- **외식**(外 食먹다 식)
  바깥에서 음식을 사 먹다.
- **외출**(外 出나가다 출)
  잠시 밖으로 나가다.
- **외출복**(外 出 服옷 복)
  외출할 때 입는 옷.
- **실외**(室방 실 外)
  건물 밖.
- **옥외**(屋집 옥 外)
  건물 밖.
- **야외**(野들 야 外)
  집 밖.
- **야외**(野 外) **공연**
  건물 밖에서 하는 공연.
- **외국**(外 國나라 국)
  바깥 나라, 다른 나라.
- **외계**(外 界세상 계)
  지구 밖의 세상.

야, 신발이다.

상자 안에 담긴 내용물은 신발.

안에 담겨 있는 걸 **내용물**이라고 해.

이 신은 건물 안에서만 신는 신발이야.

무슨 신? (실내화 | 등산화)

'안'은 한자로 안 **내(內)**.

건물 밖은 실외, 건물 안은 실 [내] ,

탁구처럼 건물 안에서 하는 운동은 실 [ ] 경기,

건물 안을 예쁘게 꾸미는 건 실내 장식.

內
안 내

- **실내**(室방실 內)
  건물 안.
- **내과**(內 科과목 과)
  감기나 배탈처럼
  우리 몸 안의 병을
  약으로 고치는 병원.
- **외과**(外밖 외 科)
  살이 찢어지거나 뼈가
  부러졌을 때처럼
  우리 몸 밖에 난 상처를
  주로 고치는 병원.
- **내시경**(內 視보다 시 鏡거울 경)
  몸 안을 들여다보는 거울.

🌏 **내과와 외과**
몸 안에 난 병이라 하더라도
'수술'을 해야 할 때는 외과에
가. 내과는 우리 몸 안의 병을
'약'으로 치료해.

〉 **정답** 104쪽

엄마,
나 피!

찢어졌네.
꿰매야겠는걸.

병원 가기 싫어,
아이고 배야!

그러게,
엄마가 아이스크림
많이 먹지 말랬지?

우리 몸 안에 병이 났을 때 가는 병원 •　　　• **외과**

우리 몸 밖에 상처가 났을 때 가는 병원 •　　　• **내과**

내과에 가면 우리 몸 안을 들여다보는 거울이 있어.

이걸 뭐라고 할까? 그래, 내시경이야.

35

1 서로 어울리는 것끼리 짝 지으세요.

들이밀다   들여다보다   들이쉬다

2 다음 중 그림과 설명이 서로 어울리지 <u>않는</u> 것은? (   )

① 호랑이를 내쫓다.

② 방귀를 내뿜다.

③ 새장 속의 새를 내보내다.

④ 쓰레기를 들여놓다.

3 다음 빈칸에 공통으로 들어가는 말을 오른쪽에 바르게 써 보세요.

1) 우리, 오늘은 고기 집에서 ☐식하자.

2) 난 ☐국에 나가 본 적이 한 번도 없어.

3) 넌 지구 밖에 ☐계인이 있다고 생각하니?

4) 다리가 부러졌으니 ☐과에 가자.

---

4 다음 빈칸에 있는 글씨를 예쁘게 따라서 써 보세요.

· 건물 안에서는 실 내 화를 신으렴.

· 감기에 걸렸을 때 가는 병원은 내 과 야.

---

5 다음 빈칸에 알맞은 말을 예쁘게 써 보세요.

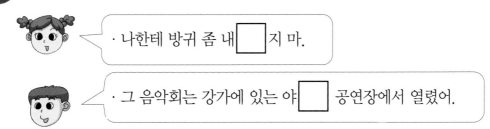

· 나한테 방귀 좀 내☐지 마.

· 그 음악회는 강가에 있는 야☐ 공연장에서 열렸어.

위·아래

위층에 살면 윗사람?

둥근 해가 떴습니다.
자리에서 일어나서~

제일 먼저 이를 닦자.

치카
치카

윗니, 아랫니 닦자.

엄마, 피카츄
그려진 윗옷 없어요?
난 그게 좋은데.

윗도리 빨았잖니!
어제 너 뭐 먹다 흘려서.

힝~

몇 시간 후 놀이터

내가 대장할 거야.
넌 졸병해.

→8층 순돌이

싫어,
내가 대장 할 거야.

11층 갑동이

왜? 넌 지난번에도
대장 했잖아?

난 11층. 넌 8층. 내가 너보다 더 위층 살잖아.
그러니까 내가 윗사람.

벌러덩!

헉!

윗사람은 위층에 사는 사람이 아니야. 그럼 어떤 사람?

(윗입술 | 아랫입술)에 자장이 묻었네.

(윗니 | 아랫니)에 고춧가루가 끼었네.

위층
위쪽의 층.

윗니
위에 있는 이빨.

아랫니
아래쪽에 있는 이빨.

윗몸
허리 위의 몸.

윗몸일으키기
허리 윗부분을 굽혔다
폈다 하는 운동.

윗옷
위에 입는 옷.

윗도리
위에 입는 옷.

아랫도리
아래에 입는 바지나 치마.

윗사람
나이나 계급이 높은 사람.

아랫사람
나이나 계급이 낮은 사람.

그래,
운동 좀 해야겠어.

헉, 다서어어엇!

배가 볼록 나오면 윗도리가 작아 보여.

그럴 땐 윗몸일으키기로 살을 빼야지.

위에 입는 윗옷 •   • 아랫도리

바지나 치마   •   • 윗도리

대장은 윗사람, 졸병은 아랫사람.

우리 할아버지는 윗사람, 나는 어리니까 아랫사람.

맞으면 ○표,
틀리면 ×표!

윗사람은 나이가 많은 사람이야.   (   )

윗사람은 계급이 높은 사람이야.   (   )

윗사람은 위층이나 윗동네에 사는 사람이야.   (   )

> 정답 105쪽

위·아래

위층 – 아래층, 윗니 – 아랫니, 윗입술 – 아랫입술

윗도리 – 아랫도리, 윗사람 – 아랫사람

"꼬끼오", 집 위에서 닭이 울어.

집의 맨 위 평평한 곳은 옥상.

탁자 위에서는 시계가 울려.

탁자 위는 **탁상**,

탁상시계가 울려.

옥상, 탁상의 **상(上)**은 '위'라는 뜻이야.

윗몸은 상 체 또는 상반신,

윗옷, 윗도리는 ☐의.

눈 위에서 타는 건 스키, 그럼 물 위에서 타면? (   )

① 탁상 스키   ② 수상 스키   ③ 옥상 스키

스케이트처럼 얼음 위에서 하는 경기는 **빙상** 경기.

바다 위는 해상, 땅 위는 지 상,

산의 맨 꼭대기는 정☐.

上
위 상

- **옥상**(屋집 옥 上)
  집의 맨 위 평평한 곳.
- **탁상**(卓탁자 탁 上)
  탁자 위.
- **탁상**(卓上)**시계**
  탁자 위에 놓고 보는 시계.
- **상체**(上 體몸 체)
  몸의 윗부분. 윗몸.
- **상반신**
  (上 半절반 반 身몸 신)
  몸에서 허리 위의 부분.
- **상의**(上 衣옷 의)
  위에 입는 옷.
  윗옷. 윗도리.
- **수상**(水물 수 上)
  물 위.
- **수상**(水上) **스키**
  물 위에서 타는 스키.
- **빙상**(氷얼음 빙 上) **경기**
  얼음 위에서 하는 경기.
- **해상**(海바다 해 上)
  바다 위.
- **지상**(地땅 지 上)
  땅 위.
- **정상**(頂꼭대기 정 上)
  산의 맨 꼭대기.

땅 아래에서 다니는 기차는? (　　)

① 지남철　　② 지하철

답은 ②번 **지하철**.

그럼 땅 아래로 만든 길은?

그래, **지하도**.

땅을 파고 그 아래에 만든 방은 **지하실**,

땅 아래로 흐르는 물은 **지하수**.

이처럼 '아래'는 한자로 **下(下)**야.

허리 아래의 아랫몸　　　•　　　• **하의**

바지나 치마 같은 아랫도리　•　　　• **하체**

하늘 아래 온 세상은 천 하 ,

비행기에서 아래로 뛰어내릴 때 쓰는 건 낙 □ 산.

아빠는 엄마보다 나이가 아래야. 이걸 뭐라고 하지?

그래, **연하**.

나이가 나보다 위면　　•　　　• **연하**

나이가 나보다 아래면　•　　　• **연상**

下
아래 하

지하철(地땅 지 下 鐵기차 철)
땅 밑으로 다니는 기차.

지하수(地下 水물 수)
땅 밑으로 흐르는 물.

하체(下 體몸 체)
몸의 아랫부분.

하의(下 衣옷 의)
몸의 아랫부분에 입는 옷.
아랫도리.

천하(天하늘 천 下)
하늘 아래 온 세상.

당신이 나보다 세 살 어리잖아, 당신이 밥해.

그런 게 어딨냐?

〉 **정답** 105쪽

1 서로 어울리는 것끼리 짝 지으세요.

•　　　　　　　　　•　　　　　　　　　•

•　　　　　　　　　•　　　　　　　　　•

| 윗옷 | 윗몸 | 윗니 |

---

2 다음 중 설명이 <u>틀린</u> 것은? (　　　)

① 윗입술과 아랫입술은 반대말이야.

② 윗옷은 윗도리라고도 해.

③ 윗몸은 상체라고도 해.

④ 나보다 위층에 사는 사람이 윗사람이야.

---

3 오른쪽 그림에 어울리는 낱말을 모두 골라 번호를 쓰세요. (　　，　　)

① 해상　　　　② 낙하산

③ 지하도　　　④ 연하

⑤ 지하철　　　⑥ 상반신

4 **다음 빈칸에 공통으로 들어가는 말을 오른쪽에 바르게 써 보세요.**

1) 잠 자지 않으려면 탁☐시계를 맞춰 놓고 자.

2) 하의는 깨끗한데, ☐의가 지저분해.

3) 여름에는 수☐ 스키가 최고야.

4) 10분만 더 가면 이 산의 정☐이야.

5 **오른쪽 그림과 잘 어울리는 낱말은? (   )**

① 지상   ② 빙상

③ 수상   ④ 정상

씽씽

6 **다음 빈칸에 있는 글씨를 예쁘게 따라서 써 보세요.**

· 이를 닦을 땐 윗 니 와 아 랫 니를 골고루 닦아야 해.

· 비행기가 고장 나 조종사는 낙 하 산을 타고 탈출했어.

7 **다음 빈칸에 알맞은 말을 예쁘게 써 보세요.**

· 윗몸은 상체, 아랫몸은 ☐체야.

· 우리 엄마는 아빠보다 두 살 많아. 엄마가 두 살 연☐이야.

전후좌우

뒷다리가 쏙, 앞다리가 쏙

개울가에 올챙이 한 마리,
꼬물꼬물 헤엄치다.

뒷다리가
쏘옥,

앞다리가 쏘옥,

팔딱팔딱 개구리 됐네!

개골~

어느날
개구리는…

물방개네 집이
잠자리네 집 옆집이랬지?

저기 있다,
잠자리네 집.

어라, 찾긴 했는데,
두 집이 똑같이
생겼네?

여보세요.

너희 집,
잠자리네 집
오른쪽 집이야?
왼쪽 집이야?

바보야!

오른쪽 집도 왼쪽 집도 아니고,
그냥 잠자리네 옆집이라니까,
옆집 몰라?

오…

꽈당!

앞, 뒤, 오른쪽, 왼쪽…, 다들 잘 아니?

옆은 한 군데가 아니야.

오른쪽, 왼쪽 모두 두 군데잖아.

그래서 양옆.

앞과 뒤, 반대말끼리 짝 지어 봐.

앞산 •   • 뒤표지

앞사람 •   • 뒷산

앞표지 •   • 뒷사람

앞니

앞치마

뒤통수

뒷짐

발뒤꿈치

뒤축

뒷발질

부엌일을 할 때 몸 앞을 가리는 치마는 (앞니 | 앞치마)

양말이나 신발에서 **발뒤꿈치**가 닿는 부분은 (뒤축 | 뒤통수)

뒷발로 걷어차는 건 (뒷짐 | 뒷발질)

앞·뒤

앞표지
책의 앞쪽 표지.

뒤표지
책의 뒤쪽 표지.

앞니
앞쪽에 난 이.

앞치마
부엌일을 할 때 몸 앞을
가리는 치마.

뒤통수
머리의 뒷부분.

뒷짐
두 손을 등 뒤로 돌려
마주 잡은 것.

뒤축
신이나 양말에서
발뒤꿈치가 닿는 부분.

뒷발질
뒷발로 걷어차는 짓.

> **정답** 105쪽

앞·뒤

앞표지 – 뒤표지, 앞산 – 뒷산, 앞마당 – 뒷마당
앞니, 앞치마, 뒤통수, 뒤축, 뒷짐, 뒷발질

토끼는 마음이 급해
자꾸만 뒤돌아보고,
마침내 거북이가 토끼를
앞지르고,
기운 빠진 토끼는 점점
뒤처지고.

앞지르다의 반대말은? (뒤돌아보다 | 뒤처지다)

여럿 가운데 맨 앞에 서는 건 •   • 앞장서다

꼼짝 못하고 잡히는 건 •   • 뒷덜미를 잡히다

뒤를 받쳐? 무슨 뜻이지? (   )

① 뒤에서 도와주다

② 뒤에서 괴롭히다

뒤에서 도와주는 건 뒷받침, 뒷바라지.

앞

앞지르다
남보다 앞으로 나아가다.
앞장서다
어떤 일을 할 때 맨 앞에
나서다.

뒤

뒤돌아보다
뒤쪽을 돌아보다.
뒤처지다
뒤에 남게 되다.
뒤로 떨어지다.
뒷덜미
뒷목 아래 양 어깨 사이.
뒷덜미를 잡히다
꼼짝 못하고 잡히다.
뒷받침
뒤에서 도와주는 일.
뒷바라지
뒤에서 도와주는 일.

쥐돌이 구하기 작전이 시작됐네.

앞으로 나아가는 건 전진,

뒤로 물러나는 건 후퇴.

한자로 '앞'은 **전(前)**, '뒤'는 **후(後)**라고 해.

기차역 앞은 역 전 , 뒷문은 후 문.

애국가는 4절까지 있지만,

뒷부분 가사는 다 똑같아.

이런 걸 뭐라고 하지? (　　　　)

① 후렴　　　　② 후보

무궁화 삼천리 화려 강산.

무궁화 삼천리 화려 강산.

애국가 1절　　　애국가 2절

옆은 오른쪽, 왼쪽 두 군데야.

왼쪽은 **좌(左)**,

오른쪽은 **우(右)**.

왼쪽으로 돌면 **좌회전**,

오른쪽으로 돌면 우 회전.

그래, 왼쪽으로 천천히!

이번엔 오른쪽으로 우회전!

그럼 길을 갈 때 왼쪽으로 다니는 건? □측통행

前	後
앞 전	뒤 후

전진(前 進나아가다 진**)**
앞으로 나아가다.

후퇴(後 退물러나다 퇴**)**
뒤로 물러나다.

역전(驛역 역 **前)**
역 앞.

후문(後 門문 문**)**
뒷문.

左	右
왼쪽 좌	오른쪽 우

좌회전
(左 回돌다 회 **轉**구르다 전**)**
왼쪽으로 돌다.

우회전(右回轉)
오른쪽으로 돌다.

좌측통행
(左 側옆 측 **通**통하다 통 **行**가다 행**)**
왼쪽으로 다니다.

> **정답** 105쪽

47

1 서로 어울리는 것끼리 짝 지으세요.

●   ●   ●   ●

●   ●   ●   ●

뒷발질   앞니   뒷짐   앞치마

2 다음 중 그림과 설명이 서로 어울리지 <u>않는</u> 것은? (   )

① 거북이가 토끼를 앞지르다.

② 쥐돌이가 앞장서다.

③ 쥐돌이가 뒷덜미를 잡히다.

④ 쥐 두 마리가 뒤처지다.

> 정답 105쪽

3 다음 빈칸에 공통으로 들어가는 말을 오른쪽에 바르게 써 보세요.

1) "무궁화 삼천리"는 애국가의 □렴이야.

2) 정문은 잠겼으니 □문을 찾아보자.

3) 적이 너무 강하다. □퇴하라!

4 다음 빈칸에 있는 글씨를 예쁘게 따라서 써 보세요.

· 부모님은 우리를 열심히 뒷 바 라 지 해 주셔.

· 내가 앞 장 설 테니 나만 믿고 따라와.

5 다음 빈칸에 알맞은 말을 예쁘게 써 보세요.

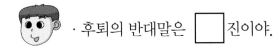 · 후퇴의 반대말은 □진이야.

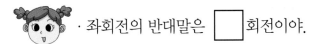 · 좌회전의 반대말은 □회전이야.

49

동서남북

해가 뜨면 동쪽, 해가 지면 서쪽

동쪽, 서쪽 말고 또 무슨 방향이 있지?

해는 동쪽에서 떠.
해가 지는 쪽은
(동쪽 | 서쪽)
동쪽과 서쪽은
서로 반대 방향이야.

두 팔을 벌려 봐.
오른팔은 동쪽으로, 왼팔은 서쪽으로.

위 그림에서 아이의 앞쪽은 ·   · 북쪽

위 그림에서 아이의 뒤쪽은 ·   · 남쪽

그래, 동서남북 네 방향은 이렇게 찾는 거야.
그럼 동서남북 네 방향을 합쳐서 뭐라고 부르지?

(사방 | 사탕)

사방

- **동(東)쪽**
  해 뜨는 방향.
- **서(西)쪽**
  해 지는 방향.
  동쪽의 반대.
- **남(南)쪽**
- **북(北)쪽**
- **사방**(四넷사 方방향방)
  동서남북 네 가지 방향.
  모든 방향.

❯ **정답** 105쪽

동서남북	동쪽, 서쪽, 남쪽, 북쪽 사방은 동서남북 네 방향

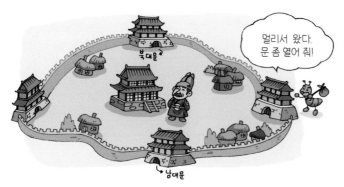

조선 시대의 서울인 한양은
성으로 빙 둘러싸여 있었어.

개미가 들어가려는 문은 어떤
문일까? (동대문 | 서대문)

동대문의 반대쪽에 있는 문은 서대문.

우리나라의 동쪽 바다는 [동]해,
서쪽 바다는 서해.

　　동쪽 바닷가　·　　　·서해안
　　서쪽 바닷가　·　　　·동해안

어떤 지역의 동쪽 부분은 동부,
어떤 지역의 서쪽 부분은 [서]부.

어, 동쪽을 물었는데,
서쪽을 가리키며 대답하네.
이렇게 엉뚱하게 대답하는 건?

[　]문서답.

東	西
동쪽 동	서쪽 서

- **동대문**
(東 大크다 대 門문 문)
조선 시대 한양의
동쪽 정문.
- **동해**(東 海바다 해)
우리나라의 동쪽 바다.
- **서해**(西 海)
우리나라의 서쪽 바다.
- **동해안**(東 海 岸언덕 안)
동쪽 바닷가.
- **서부**(西 部부분 부)
어떤 지역의 서쪽 부분.
- **동문서답**
(東 問묻다 문 西 答답하다 답)
동쪽이 어디냐고 묻는데
서쪽을 가리키며 대답함.
물음과는 전혀 상관없는
엉뚱한 대답.

우리나라의 남쪽 바다는?

(남해 | 북해)

우리나라 북쪽엔 바다가 없어.

우리나라의 남쪽 지방은?

남부 지방이야.

남쪽의 반대는? 북쪽.

남쪽에서 불어오는 따뜻한 바람 • • 북풍

북쪽에서 불어오는 차가운 바람 • • 남풍

우리 겨레가 사는 한반도 땅은 둘로 갈라져 있어.

우리가 사는 남쪽 나라는 남한,

북쪽 나라는 북한.

두 나라를 한 나라로 합치는 건 남북통일.

지구의 남쪽 끝은 남극,

북쪽 끝은 북극.

남극 근처의 바다 • • 북극해

북극 근처의 바다 • • 남극해

南	北
남쪽 남	북쪽 북

남해(南 海바다 해)
우리나라의 남쪽 바다.

남부(南 部부분 부)
어떤 지역의 남쪽 부분.

남풍(南 風바람풍)
남쪽에서 불어오는
따뜻한 바람.

북풍(北風)
북쪽에서 불어오는
차가운 바람.

남한(南 韓한국 한)
한반도의 남쪽 나라.

북한(北韓)
한반도의 북쪽 나라.

남북통일
(南北 統합치다통 一하나 일)
남한과 북한 두 나라가 한 나라로
합치는 것.

> 정답 105쪽

53

1 다음 중 사방에 해당되지 <u>않는</u> 것을 모두 골라 색칠하세요.

동쪽	위쪽	앞쪽
서쪽	남쪽	오른쪽
안쪽	왼쪽	북쪽

2 다음 그림의 괄호를 채워 보세요.

(   )

서 ←

(   )

(   )

3 설명이 맞으면 ○표, 틀리면 ✕표 하세요.

1) 서쪽과 동쪽은 반대 방향이야.   (   )

2) 남풍은 북쪽에서 남쪽으로 부는 바람이야.   (   )

3) 남풍은 남쪽에서 북쪽으로 부는 바람이야.   (   )

4) 남극의 반대는 북극이야.   (   )

4 괄호에 들어갈 <u>가장</u> 적당한 말은? (   )

( )이 적들로 둘러싸여 더 이상 도망갈 곳이 없어.

① 북극   ② 사방   ③ 남북   ④ 북한

5 다음 빈칸에 공통으로 들어가는 말을 오른쪽에 바르게 써 보세요.

1) 동대문의 반대쪽에는 □대문이 있어.

2) 우리나라의 서쪽에 있는 바다는 □해.

3) 묻는 질문에 엉뚱하게 대답하는 건 동문□답.

6 다음 빈칸에 있는 글씨를 예쁘게 따라서 써 보세요.

· 우리나라의 동쪽 바닷가는 동 해 안이야.

· 남한과 북한이 어서 한 나라로 남 북 통일이 되어야 할 텐데.

7 다음 빈칸에 알맞은 말을 예쁘게 써 보세요.

· 지구의 북쪽 끝 지방은 북[ ].

· 지구의 남쪽 끝 지방은 [ ]극.

각 기차에는 나머지와 사이가 <u>먼</u> 낱말이 하나씩 들어 있어요.
어느 칸에 있는지 찾아보세요.

안과 밖 / 외과 / 실내화 / 사내 아이 / 외출

위와 아래 / 수상 스키 / 낙하산 / 하루 하루 / 지하실

전후 좌우 / 후퇴 / 뒷덜미 / 전진 / 전화 번호

동서 남북 / 남북 통일 / 남자 / 남대문 / 동해안

3장
세상의 모습

강·바다

강변 갈래? 해변 갈래?

시냇가는 너무 좁아, 더 큰 세상으로!

자, 개미탐험대 출발!

시냇물은 졸졸졸졸? 어이쿠, 아닌데?

야, 신난다.

야, 한강이다! 강가에서 잠깐 쉬었다 갈까?

시원한 강바람 타고 다시 출발!

강물은 안 짜.

강

바다

튀튀, 바닷물은 엄청 짜.

야호, 드디어 바다다!

역시 좁은 시냇가보다는 넓디넓은 바닷가가 좋아.

으악, 밀물이다.

헉, 바다는 강이랑 다르구나.

쏴 아~

시냇물은 강으로, 강물은 바다로 흘러가.

강이 시작되는
위쪽은 상류,
아래쪽은 하류.

강에 흐르는 물 ・   ・강가

강 바로 옆의 땅 ・   ・강물

강에서 부는 바람 ・   ・강바람

강가는 **강변**이라고도 해.
강변을 따라 난 길은 **강변도로.**

여기는 강의 하류,
그중에서도 **강어귀,**
강물이 **바닷물**과 만나는 곳.

바다에 있는 짠물 ・   ・바닷가

바다 바로 옆의 땅 ・   ・바닷물

바다에서 배가 다니는 길 ・   ・바닷길

江
강 강

- **상류**(上위 상 流흐르다 류)
  강이 시작되는 위쪽.
- **하류**(下아래 하 流)
  강의 아래쪽.
- **강변**(江 邊가장자리 변)
  강 바로 옆의 땅. (= 강가)
- **강**(江)**어귀**
  강물이 바닷물과
  만나는 곳.

바다

- **바닷가**
  바다 바로 옆의 땅.
- **바닷길**
  바다에서 배가 다니는 길.

> **정답** 105쪽

강·바다

강물, 강가, 강변, 강어귀, 강의 상류
바닷물, 바닷가, 바닷길

와글
와글

해수욕장은 어디에 있지?

(해변 | 강변)

해수욕장은 해변에 있어.

해수욕장, 해변에 들어가는 '해'는

바다 **해**(海).

우리나라의 동쪽 바다는 동해,

서쪽 바다는 서해 또는 누런 황토가 섞였다고 해서 황|해|.

이 아줌마들을 뭐라고 부르지?

(해삼 | 해녀)

해녀들은 바다 밑바닥에서

조개도 따고 미역도 따.

바다 밑바닥은 해저,

조개, 미역, 물고기같이 바다에서 나는 것들은 **해산물**.

| 바다의 도적 | • | • 해적 |
| 바다를 지키는 군대 | • | • 해군 |

배를 타고 바다 위를 다니는 건 항해.

海
바다 해

- **해수욕장**
(海 水물수 浴목욕욕 場장소장)
바닷물 속에서 헤엄칠 수 있도록 갖추어진 바닷가.
- **해변**(海 邊가장자리 가)
바닷가.
- **해녀**(海 女여자 녀)
바다에 들어가 해삼, 미역 등을 따는 일을 하는 여자.
- **해저**(海 底밑바닥 저)
바다 밑바닥.
- **해산물**
(海 産나다산 物물건물)
바다에서 나는 것들.
- **해적**(海 賊도둑 적)
바다의 도적.
- **해군**(海 軍군대군)
바다를 지키는 군대.

강물은 안 짜고 바닷물은 짜.
강물처럼 안 짠 물을 뭐라고 할까?
(국물 | 민물)

그럼 강물에서 사는 물고기는 강물고기?
아냐, 민물고기.

물에 흙이 섞이면 •   • 비눗물
물에 비누를 풀면 •   • 흙탕물

아무것도 안 탄 물은 맹물.

강이나 바다에서 노는 건 물놀이,
헤엄칠 때 발로
물을 차는 건 물장구,
물에 방울방울 거품이
생기는 건 물 거 품 .

첨벙 첨벙

뽀그르르

바닷물은 하루에 두 번씩
밀려왔다 밀려갔다 해.
밀려오는 건 밀물,
밀려가는 건 썰 물.

물

▪ **민물**
  강물처럼 짜시 않은 물.
▪ **민물고기**
  민물에서 사는 물고기.
▪ **비눗물**
  비누를 푼 물.
▪ **흙탕물**
  흙이 섞인 물.
▪ **물놀이**
  강이나 바다에서 노는 것
▪ **물장구**
  헤엄칠 때 발로 물을
  차는 것.
▪ **밀물**
  바닷물이 밀려 들어와
  차는 것.
▪ **썰물**
  찼던 바닷물이 밀려
  나가는 것.

> **정답** 105쪽

1 아래 그림에 대한 설명으로 옳지 <u>않은</u> 것은? (　　　)

① 강이 시작되는 위쪽은 강의 상류다.

② 강의 아래쪽은 강의 하류다.

③ 강의 하류가 상류보다 더 넓다.

④ 강가를 따라 난 도로를 해변도로라고 한다.

---

2 다음 중 바다와 관련 있는 말을 <u>모두</u> 골라 색깔을 칠하세요.

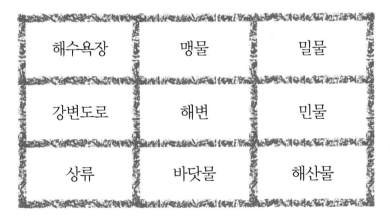

해수욕장	맹물	밀물
강변도로	해변	민물
상류	바닷물	해산물

3 다음 빈칸에 공통으로 들어가는 말을 오른쪽에 바르게 써 보세요.

1) 우리나라의 동쪽 바다는 동☐야.

2) 나는 조개, 미역, 생선 같은 ☐산물을 좋아해.

3) 여름에는 산보다 ☐수욕장에 가는 게 더 좋아.

4) 우리나라의 바다는 ☐군이 지키고 있어.

4 다음 빈칸에 있는 글씨를 예쁘게 따라서 써 보세요.

· 헤엄칠 때 발로 물을 차는 건 물 장 구 .

· 물에 방울방울 거품이 생기는 건 물 거 품 .

5 다음 빈칸에 알맞은 말을 예쁘게 써 보세요.

· 밀려오는 바닷물은 밀물, 빠지는 바닷물은 ☐물.

· 강물과 바닷물이 만나는 곳은 ☐어귀.

산중호걸이 받은 생일 선물은?

산중호걸이라 하는
호랑님의 생일날이 되어,

축 생 일

에헴

산짐승들 산속에 모여
생일잔치를 열었네.

산새들은 노래로
호랑이의 생일을 축하해 주고,

사랑하는 호랑님의
생일 축하합니다.

저는 산나물을
생일 선물로 준비했습니다.

얘야, 난 산나물은
못 먹걸랑.

저는 산딸기를….

난 산딸기도
안 먹걸랑.

토끼는 춤추고,
여우는 바이올린.

찐짠 찌가찌가 찐짠 찐짠 찐짠 하더라.

좋겠다,
내 생일도 얼른 왔으면.

나,
강산신령.

산새, 산나물, 산딸기…, 산에는 또 무엇이 있지?

64

산속은 산중, 깊은 산속은 산골,
깊은 산골이라 사람이 잘 살지 않는 곳은
두메산골.

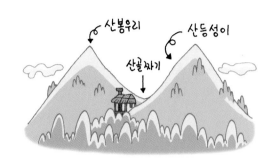

산에서 뾰족하게 높이 솟은 부분은?
(산봉우리 | 산등성이)

산봉우리 아래에 뻗어 있는 산의 등줄기 •   • 산등성이

산과 산 사이에 움푹 들이긴 곳   •   • 산골짜기

산에는 사람은 적지만 다른 것들이 아주 많아.

산에 사는 짐승 •   • 산새

산에 사는 새 •   • 산짐승

산에서 나는 나물 •   • 산나물

산을 지키고 다스리는 신은 **산신령**.
사람이 키우는 삼은 인삼, 산에서 저절로 크는 삼은 산삼.
그럼 산에서 사람들 물건을 빼앗는 도적은? 그래, 산적.

山
산 산

- **산중**(山 中 가운데 중)
  산속.
- **두메산**(山)**골**
  사람이 잘 살지 않는
  깊은 산골.
- **산**(山)**봉우리**
  산에서 뾰족하게 솟은 곳.
- **산**(山)**등성이**
  산봉우리 아래에 뻗어 있는
  산의 등줄기.
- **산**(山)**골짜기**
  산과 산 사이에 움푹 들어간
  곳.

> **정답** 106쪽

산(山)

산중, 산골, 산나물, 산신령, 산삼, 산적
산에서 뾰족한 곳은 산봉우리, 움푹한 곳은 산골짜기

65

산을 오르는 건 등산,

산을 내려오는 건 하 [산].

그런데 그림을 잘 봐.

산에 성을 쌓아 놓았네.

이런 건 산성.

남극이나 북극 바다에 떠다니는 거대한 얼음산은 빙산,

산에서 불덩어리가 막 터져 나오는 산은 화 [ ].

금이나 은, 철이 나는 산도 있어.

이런 산은? (광산 | 빙산)

야호,
난 이제 부자다.

무궁화 삼천리
□□ □□.

애국가 부를 줄 알아?

빈칸에 들어갈 말은

(화려 강산 | 금수강산)

강산은 강과 산이란 뜻인데,

보통 '자연 경치'를 말해.

우리나라는 자연 경치가 아름답고 화려하니 **화려 강산**.

금수강산은 비단에 수놓은 것처럼 아름다운 자연 경치야.

山
산 산

- **등산**(登오르다 등 山)
  산에 오르다.
- **하산**(下내려오다 하 山)
  산에서 내려오다.
- **산성**(山 城성 성)
  산에 쌓은 성.
- **빙산**(氷얼음 빙 山)
  남극이나 북극 바다에
  떠다니는 거대한 얼음산.
- **화산**(火불 화 山)
  땅속의 뜨거운 마그마가
  터져 나오는 산.
- **광산**(鑛쇳돌 광 山)
  금, 은, 철 등을 캐내는 산.
- **금수강산**
  (錦비단 금 繡수놓다 수 江山)
  비단에 수를 놓은 것처럼
  아름다운 자연 경치.

여긴 산과는 달리 아주 넓고 평평하지?
이런 곳을 들 또는 들판이라고 해.

들에 난 길을 뭐라고 하지?
(철길 | 들길)

들에 피는 꽃은 들꽃,
들에서 사는 짐승은 [들]짐승.

오른쪽 그림의 빈칸에
들어갈 말은?
(야구 | 야외)

봉인데 □□로 놀러 가자.

야호

시내에서 좀 멀리 떨어진 들판 ●   ● 야외

집 밖이나 들판에서 천막을 치고 자는 것 ●   ● 야영

야는 '들'이라는 뜻의 한자야.
들 야(野).

평평하고 넓은 들판은 평[야],
들에서 나는 채소는 야채,
들에 피는 들꽃은 □생화.

들

들판
평평하고 넓게 트인 땅.
들길
들에 난 길.
들짐승
들에서 사는 짐승.

野
들 야

야외(野 外밖 외)
시내에서 좀 멀리 떨어진
들판. 집 밖.
야영(野 營집 영)
야외에 천막을 치고 자다.
평야(平평평하다 평 野)
평평하고 넓은 들판.
야채(野 菜나물 채)
들에서 나는 채소.
야생화
(野 生살다 생 花꽃 화)
들에 피는 들꽃.

〉 **정답** 106쪽

1 맞는 것에 ○표, 틀린 것에 ✕표를 하세요.

1) 산에서 뾰족하게 높이 솟은 부분은 산등성이야. ( )

2) 산과 산 사이의 움푹하게 들어간 부분은 산골짜기야. ( )

2 다음 중 그림과 말풍선이 서로 어울리지 <u>않는</u> 것은? ( )

①

난 산적이다.
후덜덜

②
난 산짐승이야.

③
난 산성이야.

④
난 산신령이야.

3 서로 어울리는 것끼리 연결하세요.

빙산 •

화산 •

광산 •

• 난 뜨거운 불덩이가 터져 나오는 산이야.

• 난 금이나 철 같은 게 많이 나는 산이야.

• 난 바다에 떠다니는 얼음산이야.

4 아래 보기에서 알맞은 낱말을 골라 번호를 써 보세요.

보기 : ① 등산　　② 산삼

1) 몸이 아픈 임금님은 (　　　)을 먹고 금세 건강해졌어.

2) (　　　)을 할 때는 물을 잘 챙겨 가야 해.

5 다음 빈칸에 공통으로 들어가는 말을 오른쪽에 바르게 써 보세요.

1) 고기를 먹을 때는 ☐채를 함께 먹는 게 몸에 좋아.

2) 우리 오늘 날씨도 좋은데 ☐외로 놀러 길까?

3) 나는 들에서 피는 ☐생화가 좋아.

6 다음 빈칸에 있는 글씨를 예쁘게 따라서 써 보세요.

· 사람이 잘 살지 않는 깊고 깊은 산골은 두 메 산골.

· 산과 산 사이의 움푹 들어간 곳은 산 골 짜 기.

7 다음 빈칸에 알맞은 말을 예쁘게 써 보세요.

· "무궁화 삼천리 ☐☐ 강산"

꼬부랑 고갯길을 넘어가고 있네

꼬부랑 할머니가

꼬부랑 고갯길을

꼬부랑꼬부랑 넘어가고 있네.

꼬부랑 할머니가
꼬부랑 오르막길을.

꼬부랑 할머니가
꼬부랑 내리막길을.

꼬부랑 할머니가
꼬부랑 빗길을.

꼬부랑 할머니가
꼬부랑 눈길을.

아이고,
힘들어.

꼬부랑 할머니가 꼬부랑 흙탕길을⋯

저런, 고얀 놈!

고갯길, 빗길, 눈길, 흙탕길⋯, 길의 종류도 참 많지?

산길은
올라갔다 내려갔다
오르락내리락
비탈지고 가파르지.

다음 중 비탈지지 않은 건 뭘까? (언덕 | 운동장 | 고개)

고개에 난 길 **고갯길**, 언덕에 난 길 **언덕길**,
고갯길과 **언덕길**은 오르락내리락 비탈진 **비탈길**

올라가는 고갯길 •   • **내리막길**

내려가는 고갯길 •   • **오르막길**

비가 내리는 길 •   • **빗길**

길 하나가 여러 개로 갈리지?
이런 길은 **갈림길**.

어라, 어느 길이 가장 빠르지?

그럼 셋 중 가장 빨리 가는 길은?
②번. 이 길이 **지름길**.

길

고갯길
비탈진 고개에 난 길.

언덕길
언덕에 난 조금 비탈진 길.

비탈길
비탈진 언덕의 길.

오르막길
위로 올라가도록 된 비탈진 길.

내리막길
아래로 내려가도록 된 비탈진 길.

갈림길
하나의 길이 여럿으로 갈리는 길.

지름길
빨리 갈 수 있는 길.

> 정답 106쪽

길

고갯길, 비탈길, 오르막길, 내리막길
갈라지면 갈림길, 빨리 가면 지름길

학교 가는 중이야.

학교 가는 길은 무슨 길?

(등산길 | 등굣길)

이렇게 사람과 차가 많이 다니는 길은 　큰　길.

그럼 차가 다니는 길은 뭘까? 그래, 　찻　길.

그런데 학교는 어디 있지?

"왼쪽 □□□□를 돌면 학교야." 빈칸에 들어갈 말은?

(기찻길옆 | 길모퉁이)

큰길은 복잡해서 싫어.

작고 조용한 길로 갈래.

이런 길은 　오　솔　길,

또는 **외딴길**.

몇 번 와 본 길인데, 생각이 잘 안 나?

길눈이 어둡구나.

이럴 땐 뭐가 필요하지?

그래, 길잡이.

길

등굣길
학교 가는 길.

큰길
사람과 차가 많이
다니는 길.

찻길
차가 다니는 길.

길모퉁이
길이 꺾이는 곳.

오솔길
폭이 좁은 조용한 길.

외딴길
홀로 따로 나 있는 작은 길.

길눈
한 번 가 본 길을 잘
기억하는 힘.

길잡이
길을 이끌어 주는
사람이나 물건.

어, 시원하다.

약수터

목이 말라 마시는 시원한 샘물.

이렇게 샘물이 있는 곳을 뭐라고 하지?

(샘수 | 샘터)

이 샘물은 몸에 아주 좋은 약수인가 봐.

몸에 좋은 약수가 나오는 곳은? 약 수 터.

이렇게 터는 '장소'나 '자리'를 나타내는 말이야.

전쟁터　　　　　놀이터　　　　　낚시터

아파트에 일주일마다 하루씩

시장이 열리는 거 알아?

이렇게 시장이 서는 곳은

장터.

일하는 곳은 일　　.

두꺼비

101

102

와글

와글

일일장

터

- **샘터**
  물이 땅에서 솟아나오는
  곳.
- **약수(藥약약 水물수)터**
  몸에 좋은 샘물이
  나오는 곳.
- **낚시터**
  낚시하는 곳.
- **놀이터**
  아이들이 노는 곳.
- **전쟁터**
  전쟁이 벌어진 곳.
- **장터**
  시장이 서는 곳.
- **일터**
  일하는 곳.

> **정답** 106쪽

73

1 오른쪽 그림에 어울리는 낱말을 모두 골라 O표 하세요.

빗길	눈길	비탈길	언덕길
등굣길	고갯길	갈림길	찻길

2 서로 어울리는 것끼리 짝 지으세요.

내리막길   오솔길   갈림길

3 설명이 맞으면 O표, 틀리면 ✕표 하세요.

1) 여러 길 중 가장 빨리 갈 수 있는 길은 지름길이야.　　（　　）

2) 외딴길은 큰길이야.　　（　　）

3) 길을 이끌어 주는 사람이나 물건을 길잡이라고 해.　　（　　）

> 정답 106쪽

4 다음 빈칸에 공통으로 들어갈 말을 오른쪽에 바르게 써 보세요.

1) 할아버지는 매일 아침 물을 뜨러 약수◻에 가셔.

2) 우리 아파트 놀이◻는 아주 넓어 놀기에 좋아.

3) 시장이 서는 곳을 장◻라고 해.

5 다음 빈칸에 있는 글씨를 예쁘게 따라서 써 보세요.

· 아빠가 낚시 터 에서 큰 물고기를 잡아 오셨어.

· 할머니가 비 탈 길을 올라가셔.

6 다음 빈칸에 알맞은 말을 예쁘게 써 보세요.

 · 여러 길 중 가장 빨리 갈 수 있는 길은 ◻◻길이야.

 · 작고 조용한 길은 오◻길이야.

75

어휘 나무에 낱말 열매들이 열렸어요.
열매에 들어 있는 낱말 중, 나머지와 사이가 <u>가장 먼</u> 것을 찾아 ○ 하세요.

바닷가
썰물
해수욕장
항해
민물
바다

산등성이
산짐승
강어귀
금수강산
화산
산

비탈길
갈림길
길잡이
지름길
홍길동
길

닭, 소, 말, 우리는 모두 가축

닭, 소, 말은 사람이 집에서 키우는 동물.

동물은 다른 말로 짐승이라고 해.

날아다니는 짐승은   •   • 집짐승

산에 사는 짐승은   •   • 날짐승

집에서 기르는 짐승은 •   • 산짐승

닭, 소, 말, 개 등은 집에서 기르는 집짐승이야.
그럼 집짐승을 다른 말로 뭐라고 하지? (가축 | 저축)

가축은 우리에게 고기와
달걀, 우유를 선물해.
이렇게 가축에서 나는
물건은 축산물.

가축, 축산물의 '축'은 짐승 축(畜).

짐승

▪ **날짐승**
날아다니는 짐승.
▪ **산짐승**
사람이 기르지 않는, 산에
사는 짐승.
▪ **집짐승**
집에서 기르는 짐승.

畜
짐승 축

▪**가축**(家 집 가 畜)
집짐승.
▪**축산물**
(畜 産 나다 산 物 물건 물)
가축에서 나는 물건.

〉 **정답** 106쪽

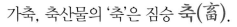

짐승   날짐승, 산짐승, 집짐승
집짐승은 가축, 가축에서 나는 물건은 축산물

79

어린 닭은   •   • 병아리

알을 낳는 닭은   •   • 수탉

알을 안 낳는 닭은 •   • 암탉

닭을 잡아 익히지 않은 건 **생닭**,

생닭을 통째로 익힌 닭은 **통닭**.

그럼 생닭에다 인삼을 넣어 만든 요리는? **삼계탕**.

삼계탕의 '삼'은 인삼, **계(鷄)**는 '닭'이란 뜻이야.

닭의 알은 **계란**, 그럼 닭을 많이 키우는 곳은?

(양계장 | 양어장)

어린 소는 •   • 수소

엄마 소는 •   • 송아지

아빠 소는 •   • 암소

큰 수소는 **황소**,

젖을 짜기 위해 기르는 소는 **젖소**.

그럼 소의 젖은? 소 **우(牛)**, 젖 유(乳), **우유**야.

싸움소는 •   • 한우

우리 소는 •   • 투우

鷄
닭 계

■ **계란**(鷄 卵알란)
닭의 알.

■ **삼계탕**
(蔘인삼 삼 鷄 湯탕 탕)
닭에다 인삼을 넣은 요리.

■ **양계장**
(養기르다 양 鷄 場장소 장)
닭을 많이 키우는 곳.

牛
소 우

■ **우유**(牛 乳젖 유)
소의 젖.

■ **투우**(鬪싸우다 투 牛)
싸움소.

■ **한우**(韓한국 한 牛)
우리나라에서 예로부터
내려오는 우리 소.

어, 다 컸는데도 몸집이 작은 말이 있네.

이런 말은 무슨 말? 조랑말.

말을 키우는 곳 • • 망아지

새끼 말 • • 마구간

말의 먹이를 담는 그릇은 말구유.

사람이 말 등에 탈 수 있게 만든 것 • • 말발굽

말의 크고 단단한 발톱 • • 말갈기

말에 매어 말을 끄는 술 • • 말안상

말의 목에서 등까지 난 긴 털 • • 말고삐

그럼 말이 끄는 차를 뭐라고 하지? 마차.

마차를 끄는 사람은 마부.

이처럼 말은 한자로 **마**(馬)라고 해.

아주 좋은 말은 **명마**, 나무로 만든 말은 목 ☐ .

馬
말 마

■ **망아지**
어린 말.

■ **조랑말**
다 컸는데도 몸집이
작은 말.

■ **말구유**
말먹이를 담는 그릇.

■ **마구간**
말을 기르는 곳.

■ **마차**(馬 車차차)
말이 끄는 차.

■ **마부**(馬 夫일꾼 부)
마차를 끄는 사람.

■ **명마**(名뛰어나다 명 馬)
아주 좋은 말.

■ **목마**(木나무 목 馬)
나무 말.

> **정답** 106쪽

1 서로 어울리는 것끼리 연결하세요.

집짐승   산짐승   날짐승

---

2 다음 중 집에서 기르는 가축이 <u>아닌</u> 것은? (   )

① 황소   ② 젖소   ③ 호랑이   ④ 송아지

---

3 괄호에 들어갈 알맞은 말을 보기에서 찾아 번호를 써넣으세요.

> 보기 : ① 축산물   ② 가축   ③ 목마   ④ 양계장

1) 소, 말, 닭처럼 집에서 키우는 동물을 (   )이라고 해.

2) 우유나 계란같이 소나 닭 등에서 얻는 것들을 (   )이라고 해.

3) 닭을 키우는 곳은 (   )이야.

4) 뭐 타고 싶니? 빙글빙글 도는 회전(   ) 탈까?

4 다음 그림에 대한 설명으로 <u>틀린</u> 것은? (   )

① 말갈기　　　　　　　　　② 말고삐

③ 말구유　　　　　　　　　④ 말발굽

---

5 다음 빈칸에 있는 글씨를 예쁘게 따라서 써 보세요.

· 다 컸는데도 몸집이 작은 말은 　조　랑　말이야.

· 생닭에다 인삼을 넣어 만든 요리는 　삼　계　탕이야.

---

6 다음 빈칸에 알맞은 말을 예쁘게 써 보세요.

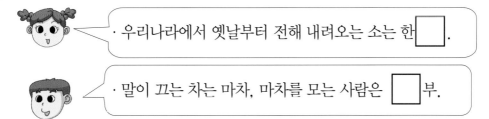

· 우리나라에서 옛날부터 전해 내려오는 소는 한　　.

· 말이 끄는 차는 마차, 마차를 모는 사람은 　　부.

멸치, 갈치, 날치는 모두 어류

물고기 자기 자랑 대회

빠빠빠라

물고기 자기 자랑 대회가 돌아왔습니다.

바다 최고의 귀염둥이 멸치예요!

우릴 넣고 국물을 내면 국물 맛이 끝내 줘요.

난 바다 최고의 멋쟁이, 갈치. 내 은색 코트 눈부시지?

흥, 나처럼 날 수 있는 물고기 있음 나와 보라고 그래.

→ 날치

모름지기 고기는 큰물에서 놀아야지. 우린 태평양 큰 바다에서 살아.

크기도 3미터나 된다고.

→ 참치

흥! 가소로운 것들.

헉, 넌 누구냐? 못 보던 물고긴데?

난 충치다! 음하하.

벌러덩

'치'가 붙은 말들 중에는 물고기가 많네.

| 갈치 | 멸치 | 날치 | 참치 |

치, 치, 치 자로 끝나는 말은 다 물고기?
다음 중에서 물고기가 아닌 걸 골라 봐.

심치	참치	쌍지	날치	쥐치
잔치	음치	충치	삼치	넙치

꽁치, 쥐치, 넙치, 갈치, 멸치, 날치, 참치, 삼치는
모두 바다에서 사는 **바닷고기**야.
그럼 강이나 호수에서 사는 물고기는?
맹물고기? 강물고기? 아냐, 민물고기야.

| 물고기를 잡는 것 | • | • 고깃배 |
| 물고기를 잡는 데 쓰는 배 | • | • 고기잡이 |

물고기

- **바닷고기**
  바다에서 사는 물고기.
- **민물고기**
  강이나 호수에서 사는
  물고기.
- **고기잡이**
  물고기를 잡는 것.
- **고깃배**
  물고기를 잡는 데 쓰는 배.

> **정답** 106쪽

물고기   멸치, 갈치, 날치, 참치, 꽁치, 넙치, 쥐치, 삼치
바닷고기, 민물고기

고등어, 붕어, 금붕어, 잉어.
다 '어'가 붙었네.
물고기는 한자로, 물고기 어(魚).
그래서 물고기를 어류라고 하지.

위는 사람, 아래는 물고기 ·	· 어항
더운 지방에서 사는 물고기 ·	· 인어
물고기를 기르는 유리통 ·	· 열대어
말린 물고기 ·	· 건어물

고기잡이를 하면서
사는 마을은 어촌,
고기잡이배는 어선.

고기잡이 일을 하는 사람은 어부,
고기를 잡거나 기르는 일은 ☐업.
그럼 물고기가 많아서
고기잡이하기 좋은 곳을 뭐라고 할까?
(어장 | 어선)

사람이 물고기를 직접 키워서 잡아먹기도 해.
물고기를 기르는 곳은 양어장이야.

魚
물고기 어

- **열대어**
(熱덥다 열 帶띠 대 魚)
더운 지방에서 사는
물고기.
- **건어물**
(乾마르다 건 魚 物물건 물)
말린 물고기.
- **양어장**
(養기르다 양 魚 場장소 장)
물고기를 기르는 곳.

漁
고기잡다 어

- **어촌**(漁 村마을 촌)
고기잡이를 하며 살아가는
바닷가 마을.
- **어부**(漁 夫일꾼 부)
고기 잡는 일을 하는 사람.
= 어민(漁 民사람 민)
- **어장**(漁 場장소 장)
고기잡이하기 좋은 곳.

맞아, 예쁜 나비도 아기 때는 참 못생겼어.

이렇게, 알에서 나온 후

아직 다 자라지 않은 벌레는?

(애벌레 | 날벌레)

나비처럼 날아다니는 벌레는 날 벌레.

벌레는 한자로 충이야. 벌레 충(蟲).

꿀벌처럼 사람에게

이로운 곤충은 익충,

모기, 파리처럼

해로운 곤충은 해충.

해로운 벌레들이 들어오지 못하게 막는 망 •　　•살충제

해로운 벌레들을 죽이는 약 •　　•방충망

우리 몸에 붙어 양분을 빨아먹는

벌레는 기생충.

기생충을 없애려면 뭘 먹지?

맞아, 구충제.

蟲
벌레 충

익충(益이롭다 익 蟲)
사람에게 이로운 벌레.

해충(害해롭다 해 蟲)
사람에게 해로운 벌레.

살충제
(殺죽이다 살 蟲 劑약 제)
해충을 죽이는 약.

방충망
(防막다 방 蟲 網그물 망)
벌레들이 날아들지
못하게 창문에 치는 그물.

기생충
(寄맡기다 기 生살다 생 蟲)
다른 동물에 붙어 양분을
빨아먹고 사는 벌레.

구충제(驅쫓다 구 蟲 劑)
몸 안의 기생충을
없애는 약.

> **정답** 107쪽

87

1 다음 중 물고기가 <u>아닌</u> 것을 <u>모두</u> 골라 ○표 하세요.

> 참치 충치 멸치 붕어 국어 영어 쥐치 김치 잉어

2 서로 어울리는 것끼리 연결하세요.

어촌   인어   어선

3 괄호에 들어갈 말을 보기에서 골라 번호를 쓰세요.

> 보기 : ① 방충망   ② 익충   ③ 구충제   ④ 해충

1) (   )이 찢어져서 창문으로 모기와 파리들이 들어왔어.

2) 우리 몸 안의 기생충을 없애려면 (   )를 먹어야 해.

3) 누에는 우리에게 비단을 선사하는 이로운 (   )이야.

4) 파리와 모기는 사람에게 해로운 (   )이야.

> 정답 107쪽

4 오른쪽 그림에서 엄마가 들고 있는 것은? (　　)

① 방충망

② 구충제

③ 기생충

④ 살충제

---

5 다음 빈칸에 있는 글씨를 예쁘게 따라서 써 보세요.

· 우리 몸에 붙어 양분을 빨아먹는 벌레는 기 생 충.

· 벌레가 들어오지 못하게 창문에 치는 망은 방 충 망.

---

6 다음 빈칸에 알맞은 말을 예쁘게 써 보세요.

 · 물고기가 많이 잡히는 곳은 어 □ 이야.

 · 알에서 나온 후 다 자라지 않은 벌레는 □ 벌레.

89

방귀 뀌는 나무는 뽕나무?

나무는 나문데 방귀 뀌는 나무는?

?

정답은 뽕나무!

뽕 뽕

그럼 나무는 나문데 돈이 가장 많은 나무는?

뭐지??

정답은 은행나무!

하나, 둘…

거짓말을 못하는 참나무

내 말 믿어. 난 참말만 해.

낮을 싫어하는 밤나무

난 낮이 무서워, 밤이 좋아.

만날 미안하다고 사과만 하는 사과나무

미안합니다, 미안합니다.

굽신 굽신

쿡쿡

재미있는 나무 이름들이 참 많지?

과일이 열리는 나무는 과일나무야.

사과가 열리면   •   •밤나무

밤이 열리면   •   •사과나무

소나무는 봄, 여름, 가을, 겨울 항상 잎이 푸르러.

이런 나무는 늘푸른나무.

옛날 사람들은 나무로 불을 땠어. 이런 나무는 **땔나무**.

그럼 **땔나무**를 해 오는 사람은?

(나무꾼 | 나무배)

통나무

나무토막

나무판자

자르지 않은 통째로의 나무   •   •나무판자

사르거나 부러신 나무 농강이   •   •나무토막

넓고 평평하게 자른 나뭇조각   •   •통나무

그럼 나무판자에 난 무늬는? 그래, 나뭇결.

나무

▪ **늘푸른나무**
봄, 여름, 가을, 겨울
잎이 언제나 푸른 나무.

▪ **땔나무**
불을 때는 데 쓰는 나무.

▪ **나무꾼**
땔나무를 하는 사람.

▪ **통나무**
자르지 않은 통째로의
나무.

▪ **나무판자**
넓고 평평하게 지른
나뭇조각.

▪ **나뭇결**
나무의 면에 나타나는
무늬.

> **정답** 107쪽

나무	과일나무, 늘푸른나무, 땔나무, 나무꾼 통나무, 나무토막, 나무판자, 나뭇결

그래,
이 아이 이름을
피노키오로 하자.

제페트 할아버지가 나무로 피노키오를 만드셔.

제페트 할아버지의 직업은? (목수 | 목동)

나무로 뭘 만드는 사람은 목수,

나무로 뭘 만드는 일은 목공이라고 해.

목수, 목공의 '목'은 한자로, 나무 목(木).

나무로 만든 말은 목마,

나무로 된 재료는 목재,

4월 5일, 나무 심는 날은 식 목 일.

식목일 날 심는 어린 나무 •	• 묘목
나이를 많이 먹은 나무 •	• 고목

그럼 길거리에 심은 나무는?

(가로목 | 가로수)

가로수의 '수'도 나무를 가리켜.

나무 수(樹).

야자나무는 •	• 상록수
소나무처럼 늘푸른나무는 •	• 야자수

木
나무 목

- **목공**(木 工만들다 공)
  나무로 물건을 만드는 일.
- **목재**(木 材재료 재)
  나무로 된 재료.
- **묘목**(苗모종 묘 木)
  어린 나무.
- **고목**(古옛 고 木)
  오래 묵은 나무.

樹
나무 수

- **가로수**(街거리 가 路길 로 樹)
  길을 따라 줄지어 심은
  나무.
- **상록수**
  (常언세나 상 綠푸룩 록 樹)
  늘푸른나무.

줄기가 단단하면 나무, 줄기가 부드러우면 풀.

풀의 잎 • • 풀뿌리

풀의 뿌리 • • 풀잎

풀의 색깔처럼 노란색을 띤 녹색 • • 풀빛

물에서 사는 풀 • • 물풀

사람이 가꾸지 않아도 저절로 자라는 여러 풀은 잡 ☐풀☐,

쑴이 많이 난 땅은 풀 ☐밭☐.

그럼 나무와 풀이 자라 엉켜 있는 곳은?

(수풀 | 밥풀)

수풀 중에서 풀이 빽빽이 우거져 있으면 풀숲.

염소처럼 풀만 먹고 사는 동물은 '?

(육식 동물 | 초식 동물)

풀은 한자로, 풀 초(草).

우리가 보고 즐기기 위해 키우는 식물은 화초,

잡풀은 잡초, 풀이 나 있는 들판은 ☐초☐원.

그럼 갈대 같은 풀을 엮어 지붕을 만든 집은? ☐초☐가집.

草
풀 초

물풀
물에서 사는 풀.

풀밭
풀이 많이 난 땅.

수풀
나무와 풀이 자라 엉켜 있는 곳.

초식(草 食먹다 식) **동물**
풀만 먹고 사는 동물.

화초(花꽃 화 草)
보고 즐기기 위해 키우는 식물.

잡초(雜섞이다 잡 草)
저절로 나서 자라는 여러 가지 풀.(= 잡풀)

초원(草 原들판 원)
풀이 나 있는 들판.

초가(草 家집 가)**집**
풀로 지붕 위를 덮은 집.

> **정답** 107쪽

1 서로 어울리는 것끼리 연결하세요.

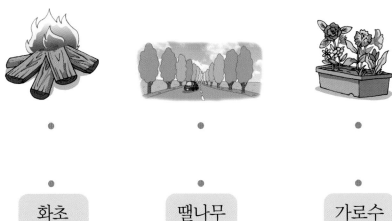

| 화초 | 땔나무 | 가로수 |

2 다음 그림에 대한 설명으로 <u>틀린</u> 것은? (　　)

① 난 통나무야.

② 난 나무꾼이야.

③ 내 나뭇결 예쁘지?

④ 난 묘목이야.

3 다음 빈칸에 공통으로 들어갈 말을 오른쪽에 바르게 써 보세요.

1) 제페트 할아버지의 직업은 □수야.

2) 4월 5일은 나무 심는 날인 식□일이야.

3) 놀이공원에 있는 회전□마는 참 재미있어.

4) 어린 나무는 묘□이라고 해.

4 다음 빈칸에 있는 글씨를 예쁘게 따라서 써 보세요.

· 나무판자에 난 무늬를 나뭇 │결│ 이라고 해.

· 4월 5일, 나무 심는 날은 │식││목│일이야.

5 다음 빈칸에 알맞은 말을 예쁘게 써 보세요.

· 사람이 가꾸지 않아도 저절로 자라는 풀은 □초 .

· 우리가 보고 즐기기 위해 키우는 식물은 □초.

잎·꽃·열매

잎이 나고, 꽃이 피고, 열매 맺고

와, 저 꽃 좀 봐, 정말 예쁘다.

아, 난 왜 이리 예쁜 걸까?

식물에 꽃만 있으면 얼마나 좋을까? 못 생긴 쟤들 때문에 좀 창피해.

너, 식물이 잎 없이 살 수 있을 거 같냐?

잎이 햇빛과 공기로 영양분을 만들어 내지 않으면, 꽃은 금세 말라비틀어져 버릴걸!

어머머.

거참, 맛도 없는 것들이 되게 시끄럽네!

너희들 나처럼 맛있냐? 맛 하면 또 나 아니냐!

예쁜 게 최고, 역시 식물은 꽃이야!

무슨 소리, 맛있는 열매가 최고!

어허, 잎이 양분을 안 만들면 다 소용없다니까!

싸우지 마. 잎, 꽃, 열매 모두 모두 소중해.

나무의 양분을 만들어 내는 나뭇잎.

은행나무의 잎   •   •솔잎

버드나무의 잎   •   •은행잎

소나무의 잎   •   •버들잎

은행잎   버들잎   솔잎   단풍잎

그럼 단풍잎은 뭘까? (   )

① 단풍나무의 잎

② 가을에 빨갛게 또는 노랗게 물든 나뭇잎

정답은 둘 다야.

나뭇잎 한 장 한 장은 잎사귀.

그럼 씨앗에서 싹이 틀 때 가장 먼저 나오는 잎은? 떡잎.

나무에 따라 잎 모양도 가지가지.

넓적한 잎의 나무는 **활엽수**,

바늘처럼 뾰족한 잎은 **침엽수**.

잎은 한자로, 잎 **엽(葉)**.

난 넓적

난 뾰족

가을에 나뭇잎이 말라서 떨어지는 건 **낙엽, 가랑잎**.

잎

단풍잎
단풍나무의 잎. 또는
가을에 빨갛게, 노랗게
물든 나뭇잎.

떡잎
씨앗에서 싹이 틀 때
가장 먼저 나오는 잎.

葉
입 엽

활엽수
(闊넓디 활 葉 樹나무 수)
잎이 넓적한 나무.

침엽수
(針바늘 침 葉 樹)
잎이 바늘처럼 길고
뾰족한 나무.

> **정답** 107쪽

잎   솔잎, 은행잎, 단풍잎, 떡잎, 가랑잎
          낙엽, 활엽수, 침엽수

꽃은 꽃밭에만 있는 게 아니야.

꽃을 심어 가꾼 밭 · · 꽃집

꽃을 파는 가게 · · 꽃병

꽃을 꽂는 병 · · 꽃밭

꽃을 피우는 나무나 풀의 씨앗은 꽃씨.

꽃으로 반지 모양을 만든 건

꽃 반 지 ,

아직 안 핀 꽃은

꽃 봉 오 리 ,

꽃을 이루는 잎 한 장 한 장은 꽃잎.

꽃봉오리   꽃잎

그럼 각 나라를 대표하는 꽃은?

(나리꽃 | 나라꽃)

우리나라의 나라꽃은 무궁화.

'꽃'을 나타내는 한자는 화(花)야.

꽃밭은 화단, 꽃을 심어 가꾸는 그릇은 화 분,

사람이 만든 가짜 꽃은 조화.

그럼 들에서 나서 들에서 자라는 들꽃은?

그래, 야생 □ .

꽃

- **꽃씨**
꽃을 피우는 나무나 풀의 씨앗.
- **꽃반지**
꽃으로 만든 반지.
- **꽃봉오리**
아직 안 핀 꽃.
(= 꽃망울)

花
꽃 화

- **무궁화**
우리나라의 나라꽃.
- **화단**(花 壇단 단)
꽃밭.
- **화분**(花 盆그릇 분)
꽃을 심어 가꾸는 그릇.
- **조화**(造민들다 조 花)
사람이 만든 가짜 꽃.

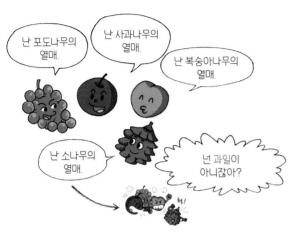

난 포도나무의 열매.

난 사과나무의 열매.

난 복숭아나무의 열매.

난 소나무의 열매.

넌 과일이 아니잖아?

헉!

나무는 꽃이 핀 다음

열매를 맺어.

사람이 먹을 수 있는 나무 열매는?

(과일 | 과외)

과일은 과실이라고도 해.

과일이 나는 나무는 **과일나무**.

그럼 과일나무를 심은 밭은? 그래, **과수원**.

이처럼 열매나 과일을 나타내는 한자는, 열매 **과(果)**.

과일은 뭘로 깎아 먹지?

과일을 깎는 칼은 과도.

과도가 없어서.

과일은 갈아서 주스로 먹어도 맛있지?

과일 주스처럼 과일에서 짜낸 즙은 과즙.

덜 익은 과일은 풋파일,

그해에 새로 난 과일은 햇과일.

덜 익은 사과 •   • 햇사과

그해에 새로 난 사과 •   • 풋사과

 어휘 확인

1 서로 어울리는 것끼리 연결하세요.

꽃봉오리 　　　 꽃잎 　　　 꽃반지

---

2 다음 그림에 대한 설명으로 <u>틀린</u> 것은? (　　)

① 난 활엽수야. 　　② 내가 활엽수야.

③ 난 은행잎이야. 　　④ 난 단풍잎이야.

3 다음 빈칸에 공통으로 들어갈 말을 오른쪽에 바르게 써 보세요.

1) 우리나라의 나라꽃은 무궁☐야.

2) 우리 집 ☐단에 나팔꽃이 피었어.

3) 들에서 나서 자라는 꽃은 야생☐야.

4 다음 빈칸에 있는 글씨를 예쁘게 따라서 써 보세요.

· 과일나무를 심은 밭은 과 수 원이야.

· 가을에 나뭇잎이 말라서 떨어지는 건 낙 엽이야.

5 다음 빈칸에 알맞은 말을 예쁘게 써 보세요.

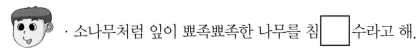 · 소나무처럼 잎이 뾰족뾰족한 나무를 침☐수라고 해.

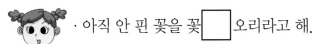 · 아직 안 핀 꽃을 꽃☐오리라고 해.

대화 글을 읽고, 문제를 풀어 보세요.

> 아빠   덥다, 더워! 이번 주말에 여행 가자. 어디로 갈까?
> 아울이 신나게 놀 수 있는 한강 수영장에 가요.
> 엄마   여름에는 바다가 최고지. <u>해변</u>에 있는 해수욕장으로 가자.
> 아빠   나는 산이 좋은데, 등산하자.
> 아울이 그럼, 가위바위보로 정해요.

1 빈칸에 들어갈 낱말을 찾아 써 보세요.

이 글은 아울이네 가족이 주말에 ☐☐ 갈 곳을 정하는 내용이에요.

2 이 글을 읽고, 맞는 것에 O를, 틀린 것에 ×표 하세요.

1) 아울이는 산에 가고 싶어 한다. (   )

2) 엄마는 해수욕장에 가고 싶어 한다. (   )

3) 아빠는 수영장에 가고 싶어 한다. (   )

3 아빠가 가고 싶어 하는 곳을 찾아 O 하세요.

4 밑줄 친 '해변'과 바꿔 쓸 수 있는 말은 무엇인가요?

① 골짜기   ② 바닷가

일기를 읽고, 문제를 풀어 보세요.

날짜: 20○○년 ○○월 ○○일   날씨: 햇빛이 쨍쨍

오늘은 우리 가족이 <u>외식</u>하는 날이다. 우리는 동네에 새로 생긴 식당에 갔다. 식당의 한쪽에는 음식이 한가득 차려져 있었다. 피자, 스파게티, 김밥, 치킨, 갈비, 케이크…. 내가 좋아하는 음식들이 많았다! 나는 두 번이나 접시에 음식을 가져와 먹었다. 정말 즐거운 하루였다.

1 빈칸에 들어갈 낱말을 찾아 써 보세요.

글쓴이네 가족은 동네에 새로 생긴 ☐☐으로 외식을 갔어요.

2 밑줄 친 '외식'의 뜻은 무엇일까요?(   )

① 밖에서 음식을 사 먹는다.

② 집에서 직접 음식을 해 먹는다.

3 우리 가족을 소개하는 글을 써 보세요.

정답

가다·오다

기본 어휘 · 7

- 안에서 밖으로 가는 건 → 나아가다
  앞을 향해 가는 건 → 다가가다
  가까이 가는 건 → 나가다

- 방에서 나가다 → 집으로 달려오다
  집으로 달려가다 → 담을 넘어오다
  담을 넘어가다 → 방에서 나오다

확장 어휘 · 8~9

- 가져, 데려
- 밖에서 안으로 → 내오다
  안에서 밖으로 → 들어오다
- 제주도에 간다
- 통[행]금지

어휘 확인 · 10~11

❶ ③ 앞서 가다 – 쫓아가다   ❷ ③ 다녀왔습니다
❸ ② 데려   ❹ 행
❻ 나아[가]다, [들]여오다

발

기본 어휘 · 13

- 발의 위쪽 부분 → 발목   ▪ 발굽
  다리와 발을 이어 주는 곳 → 발등
  땅을 밟는 발 아래쪽 부분 → 발뒤꿈치
  몸의 살 중에서 가장 두꺼운 곳 → 발바닥

확장 어휘 · 14~15

- 무겁고   ▪ 발버둥치다
- 엉금엉금
- 이제 막 걷기 시작한 아가는 → 아장아장
  발을 다친 아저씨는 → 절뚝절뚝

어휘 확인 · 16~17

❶
발뒤꿈치   발등   발목

❷ ①
❸ ①
❹ ③
❺ [맨]발, [발]걸음

걷다·뛰다

기본 어휘 · 19

- ③ 반걸음   ▪ 걸음마
- 뒷걸음

확장 어휘 · 20~21

- ② 토끼뜀   ▪ 널뛰기
- 보행기   ▪ 산[보]
- 횡단보도   ▪ 경주

어휘 확인 · 22~23

❶ 1) ×   2) ○   3) ×

❷
높이뛰기   널뛰기   뜀틀

---

❸
보행기	널뛰기	산보
횡단보도	활주로	주행
걸음걸이	뒷걸음	높이뛰기

❹ 주
❻ 걸음[마], [뜀]박질

교통기관

기본 어휘 · 25

- 마차, 자동차   ▪ 열차
- 기차역

확장 어휘 · 26~27

- 하차   ▪ 차의 창문 → 차내 방송
- 주차장   차 안에서 나오는 방송 → 차장
- 세[차]   ▪ 작은 배
- 돛단배   ▪ 어선
- 여행할 때 타고 가는 배 → 유조선   ▪ 조[선]소
  기름을 실어 나르는 배 → 여객선

어휘 확인 · 28~29

❶
승합차   마차   짐차

❷ ③
❸ 1) ○   2) ×   3) ×   4) ×
❹ 선
❺ ④ 주차장
❻ [주]차장, [조]선소

어휘랑 놀자 · 30

안·밖

기본 어휘 · 33

- 안에서 밖을 보는 건 → 들여다보다
  밖에서 안을 보는 건 → 내다보다
  밖에서 안쪽으로 밀어 넣는 건 → 내쫓다
  안에서 밖으로 쫓아내는 건 → 들이밀다
- 내보내다, 들여놓다, 내놓다

확장 어휘 · 34~35

- [외]식   ▪ [외]국
- 실내화   ▪ [실내] 경기
- 우리 몸 안에 병이 났을 때 가는 병원 → 외과
  우리 몸 밖에 상처가 났을 때 가는 병원 → 내과

어휘 확인 · 36~37

❶

들이밀다 · 들여다보다 · 들이켜다 (연결선)

❷ ④

❸ 외

❺ 내뿜지 마, 야외

위·아래

기본 어휘 · 39

■ 아랫입술, 윗니

■ 위에 입는 윗옷 ── 아랫도리
바지나 치마 ── 윗도리

■ 윗사람은 나이가 많은 사람이야.(○)
윗사람은 계급이 높은 사람이야.(○)
윗사람은 위층이나 윗동네에 사는 사람이야.(×)

확장 어휘 · 40~41

■ 상의

■ 정상

■ ② 수상 스키

■ ② 지하철

■ 허리 아래에 아래쪽 ── 학의
바지나 치마 같은 이렛도리 ── 하체

■ 나이가 나보다 위면 ── 연하
나이가 나보다 아래면 ── 연상

■ 낙하산

어휘 확인 · 42~43

❶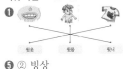

윗옷 · 윗몸 · 윗니 (연결선)

❷ ④

❸ ③ 지하도, ⑤ 지하철

❹ 상

❺ ② 빙상

❼ 하체, 연상

전후좌우

기본 어휘 · 45

■ 앞산 ── 뒤표지
아랫배 ── 뒤사
앞표지 ── 뒷사람

■ 앞치마, 뒤축, 뒷발질

확장 어휘 · 46~47

■ 뒤처지다

■ ① 뒤에서 도와주다

■ ① 후렴

■ 여럿 가운데 맨 앞에 서는 건 ── 앞장서다
꼼짝 못하고 잡히는 건 ── 뒷덜미를 잡히다

■ 좌측통행

어휘 확인 · 48~49

❶

뒷발질 · 앞니 · 뒷짐 · 앞치마 (연결선)

❷ ④

❸ 후

❺ 전진, 우회전

동서남북

기본 어휘 · 51

■ 서쪽

■ 사방

■ 위 그림에서 아이의 앞쪽은 ── 북쪽
위 그림에서 아이의 뒤쪽은 ── 남쪽

확장 어휘 · 52~53

■ 동대문

■ 동문서답

■ 남해

■ 남극 근처의 바다 ── 북극해
북극 근처의 바다 ── 남극해

■ 동쪽 바닷가 ── 서해안
서쪽 바닷가 ── 동해안

■ 남쪽에서 불어오는 따뜻한 바람 ── 북풍
북쪽에서 불어오는 차가운 바람 ── 남풍

어휘 확인 · 54~55

❶

동쪽	위쪽	앞쪽
서쪽	남쪽	오른쪽
안쪽	왼쪽	북쪽

❷
(북)
서 ← → 동
(남)

❸ 1) ○ 2) × 3) ○ 4) ○

❹ ② 사방

❺ 서

❼ 북극, 남극

어휘랑 놀자 · 56

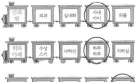

안과 밖 · 외과 · 실내화 · 사내아이 · 외출

위의 아래 · 수상 스키 · 낙하산 · 하루하루 · 지하실

전후좌우 · 후퇴 · 윗덜미 · 전진 · 전화

동서남북 · 남북통일 · 남자 · 남대문 · 동해안

강·바다

기본 어휘 · 59

■ 강에 흐르는 물 ── 강가
강 바로 넓은 땅 ── 강물
강에서 부는 바람 ── 강바람

■ 바다에 있는 짠물 ── 바닷가
바다 바로 옆의 땅 ── 바닷물
바다에서 배가 다니는 길 ── 바닷길

확장 어휘 · 60~61

■ 해변

■ 바다의 도적 ── 해적
바다를 지키는 군대 ── 해군

■ 물에 흙이 섞이면 ── 비눗물
물에 비누를 풀면 ── 흙탕물

■ 해녀

■ 민물

어휘 확인 · 62~63

❶ ④

❸ 해

❺ 썰물, 강어귀

❷
해수욕장	맹물	밀물
강변도로	해변	민물
상류	바닷물	해산물

산·들

기본 어휘 · 65

■ 산봉우리

■ 산에 사는 짐승 ─ 산새
산에 사는 새 ─ 산짐승
산에서 나는 나물 ─ 산나물

■ 산봉우리 아래에 뻗어 있는 산의 등줄기 → 산등성이
산과 산 사이에 움푹 들어간 곳 → 산골짜기

확장 어휘 · 66~67

■ 화산   ■ 광산
■ 화려 강산   ■ 들길
■ 야외   ■ 시내에서 좀 멀리 떨어진 들판 → 야외
■ 야생화   집 밖이나 들판에서 천막을 치고 사는 것 → 야영

어휘 확인 · 68~69

❶ 1) × 2) ○   ❷ ②

❸
빙산 ─ 난 뜨거운 불덩이가 터져 나오는 산이야.
화산 ─ 난 금이나 철 같은 게 많이 나는 산이야.
광산 ─ 난 바다에 떠다니는 얼음산이야.

❹ 1) ② 2) ①   ❺ 야
❼ 화 려 강산

길

기본 어휘 · 71

■ 운동장

■ 올라가는 고갯길 ─ 내리막길
내려가는 고갯길 ─ 오르막길
비가 내리는 길 ─ 빗길

확장 어휘 · 72~73

■ 등굣길   ■ 길모퉁이
■ 샘터

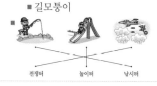
전쟁터   놀이터   낚시터

■ 일터

어휘 확인 · 74~75

❶ 비탈길, 언덕길, 고갯길   ❷
❸ 1) ○ 2) × 3) ○
❹ 터   내리막길   오솔길   갈림길
❻ 지름길이야, 오솔길이야.

어휘랑 놀자 · 76

가축

기본 어휘 · 79

■ 날아다니는 짐승은 ─ 집짐승
산에 사는 짐승은 ─ 날짐승
집에서 기르는 짐승은 ─ 산짐승

■ 가축

확장 어휘 · 80~81

■ 어린 닭은 ─ 병아리
알을 낳는 닭은 ─ 수탉
알을 안 낳는 닭은 ─ 암탉

■ 어린 소는 ─ 수소
엄마소는 ─ 송아지
아빠소는 ─ 암소

■ 말을 키우는 곳 ─ 망아지
새끼 말 ─ 마구간

■ 목마

■ 양계상

■ 싸움소는 ─ 한우
우리 소는 ─ 투우

사람이 말 등에 앉을 수 있게 만든 것 ─ 말발굽
말의 크고 단단한 발톱 ─ 말갈기
말에 매어 말을 끄는 줄 ─ 말안장
말의 목에서 등까지 난 긴 털 ─ 말고삐

어휘 확인 · 82~83

❶
집짐승   산짐승   날짐승

❷ ③

❸ 1) ② 2) ① 3) ④ 4) ③   ❹ ③
❻ 한 우 , 마 부

물고기·벌레

기본 어휘 · 85

갈치   멸치   날치   참치

■ 김치, 찬치, 뮤치, 충치

■ 물고기를 잡는 것 ─ 고깃배
물고기를 잡는 데 쓰는 배 ─ 고기잡이

확장 어휘 · 86~87

■ 쉬는 사람, 아래는 물고기 ─ 어항
　더운 지방에 사는 물고기 ─ 인어
　물고기를 기르는 유리통 ─ 열대어
　말린 물고기 ─ 건어물

■ 어장

■ 해로운 벌레들이 들어오지 못하게 막는 땅 ─ 살충제
　해로운 벌레들을 죽이는 약 ─ 방충망

■ 어업

■ 애벌레

■ 기생충

어휘 확인 · 88~89

❶ 충치, 국어, 영어, 김치

❷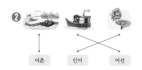
어촌 ─ 인어 ─ 어선

❸ 1) ① 2) ③ 3) ② 4) ④

❹ ④

❻ 어장, 애벌레

나무·풀

기본 어휘 · 91

■ 사과가 열리면 ─ 밤나무
　밤이 열리면 ─ 사과나무

■ 나무꾼

■ 자르지 않은 통째로의 나무 ─ 나무판자
　자르거나 부러진 나무 동강이 ─ 나무토막
　넓고 평평하게 자른 나뭇조각 ─ 통나무

확장 어휘 · 92~93

■ 목수

■ 가로수

■ 물의 잎 ─ 풀뿌리
　물의 뿌리 ─ 풀잎
　물의 새잎처럼 노란색을 띤 녹색 ─ 풀빛
　물에 사는 풀 ─ 물풀

■ 식목일 날 심는 어린 나무 ─ 묘목
　나이를 많이 먹은 나무 ─ 고목

■ 야자나무는 ─ 상록수
　소나무처럼 늘푸른나무는 ─ 야자수

■ 수풀

■ 초식 동물

■ 초가집

어휘 확인 · 94~95

❶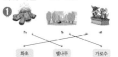
화초 ─ 떨나무 ─ 가로수

❷ ④

❸ 목

❺ 잡초, 화초

잎·꽃·열매

기본 어휘 · 97

■ 은행나무의 잎 ─ 솔잎
　버드나무의 잎 ─ 은행잎
　소나무의 잎 ─ 버들잎

■ ①, ② 둘 다 정답

확장 어휘 · 98~99

■ 꽃을 심어 가꾼 밭 ─ 꽃집
　꽃을 파는 가게 ─ 꽃병
　꽃을 꽂는 병 ─ 꽃밭

■ 과일

■ 나라꽃

■ 야생화

■ 덜 익은 사과 ─ 햇사과
　그해에 새로 난 사과 ─ 풋사과

어휘 확인 · 100~101

❶
꽃봉오리 ─ 꽃잎 ─ 꽃받침

❷ ②

❸ 화

❺ 침엽수, 꽃봉오리

생각이 톡톡 1 · 102

❶ 여행

❷ 1) × 2) ○ 3) ×

❸ 사진

❹ ②

생각이 톡톡 2 · 103

❶ 식당

❷ ①

❸ 예시

> 날짜: 20○○년 ○○월 ○○일　　　　날씨: 비가 주룩주룩
> 오늘은 하루 종일 비가 내렸다. 엄마가 부침개를 부쳐 주셨다. 따끈따끈한 부침개가 정말 맛있었다. 비를 보면서 따끈따끈한 부침개를 먹으니 기분이 좋아졌다.

예비 3단계 완료!

예비 4단계로 출발!

107

문해력 잡는 초등 어휘력 예비 단계 ❸

글 채희태 윤대영 이성림 이은아 김진철
그림 두리안

1판 1쇄 인쇄 2025년 1월 16일
1판 1쇄 발행 2025년 1월 31일

펴낸이 김영곤 **펴낸곳** ㈜북이십일 아울북
프로젝트2팀 김은영 권정화 김지수 이은영 우경진 오지애 최윤아
아동마케팅팀 명인수 손용우 양슬기 이주은 최유성
영업팀 변유경 하충희 장철용 강경남 김도연 황성진
표지디자인 박지영 임민지

출판등록 2000년 5월 6일 제406-2003-061호
주소 (우 10881) 경기도 파주시 문발동 회동길 201
연락처 031-955-2100(대표) 031-955-2122(팩스)
홈페이지 www.book21.com

ⓒ ㈜북이십일 아울북, 2025

ISBN 979-11-7357-039-1
ISBN 979-11-7357-036-0(세트)

• 제조사명 : ㈜북이십일   • 제조연월 : 2025. 01. 31.
• 주소 : 경기도 파주시 회동길 201(문발동)   • 제조국명 : 대한민국
• 전화번호 : 031-955-2100   • 사용연령 : 3세 이상 어린이 제품